APRENDA CREOLE HAITIANO © Yeral Ogando, 2010-2018
Publicado por: Christian Translation LLC
www.christian-translation.com
Impreso en USA
Diseño de portada por SAL media

Primera Edición 2010 República Dominicana
Segunda Edición Actualizada 2014 USA
Tercera Edición Actualizada 2017 USA

ISBN 13: 978-1-946249-11-1
ISBN 10: 1-946249-11-4

APRENDA

Creole

HAITIANO

Yeral E. Ogando

RECONOCIMIENTOS

Estoy muy agradecido con Dios por darme la oportunidad de escribir este libro. Aprenda Creole Haitiano; el cual está dedicado a Dios en primer lugar, a mis amados hijos, Yeiris, Tiffany y Bennett Ogando, porque sin su paciencia no me hubiese sido posible completar esta obra; así también como a mi padre, Héctor Ogando, mi tía Nelly Ogando, mi amada madre y abuela, Seferina, mi amado abuelo, Rey Luis y mi amada prima Rosangela.

Además, quiero dedicar esta obra a todos ustedes que tienen el deseo y quieren mejorar sus vidas. Espacialmente a mi hermano en Cristo, Lazard Medilien, por su colaboración y arduo trabajo, quien ha revisado y contribuido a la creación de esta obra.

Esta obra ha sido inspirada por todos ustedes, para proveerles con una herramienta fácil y comprensible para un pronto aprendizaje.

Esta obra está compuesta por 10 lecciones. Solo recuerden que en Creole, todas las palabras llevan acento en la última silaba y solo existe un acento agudo en la vocal *(è) y algunas veces en la vocal (ò), esto quiere decir, en las palabras acentuadas en la última silaba.*

La clave para dominar este idioma es aprender muchos verbos en los cuatro o cinco tiempos principales, más una gran cantidad de palabras, incrementado su vocabulario.

Practica lo que aprendes; esto te dará la oportunidad de ver tu crecimiento.

Te invito a que estudies el contenido de este libro, y verás los resultados en muy corto tiempo.

TABLA DE CONTENIDO

INTRODUCCIÓN

Como Usar Este Libro

Como Triunfar En El Aprendizaje Del Creole

1. Disponga unos 20 minutos diarios para su estudio, en vez de un par de horas una vez a la semana. Es mucho más efectivo pasar no más de 20 o 30 minutos diarios a la vez en el estudio del Creole.

2. Regrese a las secciones anteriores y revise las palabras y las estructuras del idioma hasta que las cosas que le parecían difícil se le conviertan en fácil.

3. Pronuncie las palabras y las frases en voz alta y escuche el Audio MP3 cuando pueda.

4. Aproveche toda oportunidad para practicar el idioma. Trate de conocer nativos para practicar con ellos o practique con sus compañeros; es siempre más provechoso hablar con un nativo y escuchar los acentos y las pronunciaciones directamente del nativo.

5. No se preocupe al cometer errores. Lo más importante es comunicarse, interactuando con lo poco que va aprendiendo, podría asombrarse lo bien que puede hacerse entender. No olvide que usted está aprendiendo un idioma nuevo, por lo tanto, usted no lo sabe todo, es lógico que cometa errores; de hecho la mejor forma de aprender es cometiendo errores y que le corrijan esos errores. Si usted supiera Creole, no lo estaría estudiando. HABLE SIN TENER VERGÜENZA…

SIMBOLOS Y ABREVIACIONES

- **Símbolo Audio**: Esto indica que se necesita el Audio MP3 para esta sección

- **Símbolo Diálogo**: Esto indica dialogo

- **Símbolo Ejercicios**: Esto indica ejercicios

- **Símbolo Gramática**: Esto indica gramática o explicaciones.

- **Símbolo Historia & Cultura**: Esto indica información cultural o histórica del país

- **Símbolo Un Poco Más**: Esto indica que he agregado un poco más de información a la lección…

Bonjou – Buenos Dias

En esta unidad usted aprenderá
- Como leer el Alfabeto Creole
- Como leer cualquier texto en Creole
- Como decir buenos días

Antes de iniciar

Usted puede pensar que el aprender Creole será difícil, pero se sorprenderá al darse cuenta lo rápido que puede aprender a reconocer las palabras. Para poder aprender Creole usted tendrá que seguir la secuencia dada en este curso, concentrándose en las dos primeras lecciones, las cuales le darán las bases para un mejor aprendizaje.

Si usted tiene el Audio MP3, asegúrese de tenerlo a la mano, puesto que lo estará usando para practicar la pronunciación de las palabras. El Creole tiene algunos sonidos que les serán nuevo a sus oídos, pero si usted escucha cuidadosamente y repite las palabras claramente, prontamente estará pronunciando las palabras correctamente. Le recomiendo que siempre lea en voz alta para que se escuche a usted mismo y compare la pronunciación con la del Audio MP3, recuerde consultar la **Guía de Pronunciación** en la página **"7-8-9"**

Recuerde que es más efectivo estudiar unos pocos minutos diariamente que tratar de estudiar una gran porción de vez en cuando. Probablemente su concentración será mejor aprovechada con unos

20 minutos de estudios diario.

El Alfabeto Creole

Hemos dividido el **Alfabeto Creole** en 3 secciones diferentes: consonantes, vocales & consonantes y combinaciones.

Consonantes y como suenan en Español.

B (be)   suena como… en Bueno
                   Bèl

D (de)   suena como… en Dedo
                   Devwa

F (ef)   suena como… en Feo
                   Frè

G (ye)   suena como… en Gato
                   Genyen

J (yi)   suena como… en Llave o Yeso
                   Jezi

K (ca)   suena como… en Kilo
                   Kay

L (el)   suena como… en Loma
                   Limyè

M (em)   suena como… en Mamá
                   Manman

N (en)   suena como… en Nene
                   Nasyon

P (pe)   suena como… en Papá
                   Papa

*R (er)   este es un sonido extraño para el hispano hablante.   Rat – Ris - Ras

S (es)   suena como… en Sapo
                   Silvouplè

T (te)   suena como… en Tomate
                   Travay

*V (ve)   suena como… en Vaca

Vrè

Y (igreg)	suena como… en Iglesia
	Ye
*Z (zed)	suena como… en Zapato
	Zepol

Vocales y como suenan en Español.

A	suena como… en Amor
	Alyans
E	suena como… en Enano
	Espesyal
I	suena como… en Iglesia
	Istwa
O	suena como… en Oscuro
	Otèl
*OU (u)	suena como… en Uno
	Oumenm

Casos especiales

Ch   esta letra suena como la SH inglesa o la CH francesa. Cheve – Chatiman – Kochon.

C (seh) esta letra no existe en Creole, solo la usara para deletrear nombres estranjeros. Carla. Nunca viene sola. Siempre viene como (ch).

V   suena como… en Vaca, pero haciendo la diferencia de la B, su sonido se asemeja a la F. Vrè, Verite – Vlope.

N   cuando la N esta al final de la oración, su sonido es nasal, casi mudo. Nasyon – Nati.
Si esta duplicada el final de la palabra, entonces

sonara como una N normal. **Konprann**.

R   favor poner atención especial al sonido de esta letra, practique el sonido hasta que suene igual que la pronunciación de CD. Rat – Ris - Ras.

W (doble ve) suena como la (u). Siempre será el mismo sonido que la combinación (ou). Wi.

X (iks) no existe en Creole, solo la encontrara en palabras extranjeras. Le sirve para deletrear. Xavir.

Y (igreg) sauna como la (i) y muchas veces viene con una consonante o vocal. Ye.

Z   este sonido se asemeja un poco a la s en español, pero mucho mas fuerte, favor prestar atención a la pronunciación. Zeb – Zepol - Ze

Cuadro de pronunciación y sus combinaciones

Ba	Be	Bi	Bo	Bou (w)
Bla	Ble	Bli	Blo	Blou (w)
Bra	Bre	Bri	Bro	Brou (w)
Da	De	Di	Do	Dou (w)
		Dlo		
Dra	Dre	Dri	Dro	Drou (w)

APRENDA CREOLE HAITIANO

Cha	Che	Chi	Cho	Chou (w)
Fa	Fe	Fi	Fo	Fou (w)
Fla	Fle	Fli	Flo	Flou (w)
Fra	Fre	Fri	Fro	Frou (w)
Ga	Ge	Gi	Go	Gou (w)
Gla	Gle	Gli	Glo	Glou (w)
Gra	Gre	Gri	Gro	Grou (w)
Ja	Je	Ji	Jo	Jou (w)
Ka	Ke	Ki	Ko	Kou (w)
Kla	Kle	Kli	Klo	Klou (w)
Kra	Kre	Kri	Kro	
La	Le	Li	Lo	Lou (w)
Ma	Me	Mi	Mo	Mou (w)
Na	Ne	Ni	No	Nou (w)
Pa	Pe	Pi	Po	Pou (w)
Pla	Ple	Pli	Plo	Plou (w)
Pra	Pre	Pri	Pro	Prou (w)
Ra	Re	Ri	Ro	Rou (w)
Sa	Se	Si	So	Sou (w)

| Ta | Te | Ti | To | Tou (w) |
| Tra | Tre` | Tri | Tro | Trou (w) |

Va	Ve	Vi	Vo	Vou (w)
Vla	Vle		Vlo	
	Vre	Vri		

| Za | Ze | Zi | Zo | Zou (w) |

| Wa | We | Wi | Wo | Wou (w) |

| | Ye | | Yo | You (w) |

Practica de lectura

Anba –   debajo
Bonè -   temprano
Bourik –   burro / asno
Chamo –   camello
Dlo -   agua
Famasi -   farmacia
Gri de pen –   tostadora
Pòt –   puerta
Rich -   rico
Sèt -   siete
Tris -   triste
Vrè -   verdad
Ye -   ayer
Zouti –   herramienta / utensilio
Jansiv -   encias
Lèd -   feo
Mayi -   maiz
Nen –   nariz

14

Pri -	precio
Mouton –	cordero / oveja
Anplwaye –	emplear / empleado
Diri –	arroz

Expresiones Comunes

Bonjou –	buenos dias / buen dia
Bonswa –	buenas noches
Mwen grangou –	tengo hambre
Mwen swaf –	tengo sed
Sa kap fèt –	que tal
Nap boule -	luchando
Mwen rele –	me llamo / mi nombre es
Bondye beni w –	Dios te (le) bendiga

¡Felicidades! Ahora ya usted puede leer en Creole, usted está listo para avanzar a la segunda lección. Recuerde repasar las palabras que usted ha aprendido en Creole, léalas en voz alta y practíquelas. Repase su pronunciación con el Audio MP3 en caso de no estar seguro de la pronunciación. Entonces lea las palabras en español y vea si usted puede recordar su significado en Creole. No se preocupe si no se las sabe todas a la perfección "La práctica hace al maestro."

Kòman Ou Ye – ¿Cómo Estás?

En esta unidad usted aprenderá
- Como saludar
- Como usar los pronombres personales
- Conocer los miembros de la familia

Dialogo Uno

Mari: Bonjou Mesyè

Jan: Bonjou Madmwazel, kòman ou ye Jodi-a?

Mari: mwen pa pi mal, mèsi, e ou menm?

Jan: mwen trè byen, mèsi

Mari: eskize'm mesyè, kòman w rele?

Jan: Madmwazel, mwen se frè Lazard.

Mari: mèsi anpil mesyè

Jan: padkwa

Mari: nap we yon lòt lè

Jan: ok, pa gen pwòblem, n'ap we ankò

Mari: Ok.

Palabras claves de la conversación
Bonjou – Buenos Días o Buen Día - Hola
Mesyè - Señor

Madmwazel - Señorita
Kòman - Cómo*
Ou – Tu / Usted
Yè – Ser o Estar*
Jodi-a - Hoy
Mwen - Yo
Trè byèn – muy bien
Mèsi - Gracias
E – Y
Ou Menm – Tu mismo o Usted mismo
Eskize'm – Excúseme o Excúsame
Rele – Llamar
Se – ser o estar*
Frè - Hermano
Mesi Anpil – Muchas Gracias
Padkwa – De nada
Nap we yon lòt lè – nos vemos en otro momento
Ok, pa gen pwòblem – ok, no hay problema

*Kòman – Cómo. Tambien se Kijan para decir como. Usted tanto puede decir Kòman (Kouman) como Kijan.

Yè – Ser o Estar. Esta voz del verbo ser o estar solo se usa al final de la oración, nunca al principio ni al medio.

Se – ser o estar. Esta es la voz del verbo ser o estar que se usaría en medio o al inicio de una oración.

Dialogo Dos

Pòl: Bonjou Madanm, kòman ou yè ?
Cheri: Bonjou Mesyè, m trè byèn mèsi,

e ou menm?

Pòl: byèn, mesi madanm. Mwen isit avèk sè mwen

Cheri: oh! Kòman ou ye, madmwazel?

Bèl: mwen pa santi m byèn jodi-a.

Cheri: kisa ou genyen?

Bèl: mwen menm, mwen pa gen anyen, men pitit mwen trè mal

Cheri: kisa li genyen?

Bel: li genyen lafyèv depi de jou

Cheri: mwen regret sa, madmwazel, mwen swete l fè myè.

Bèl: ok, mèsi madanm, abyentò.

Pòl: pase bon jounen madanm

Cheri: mesi anpil pou vizit-la.

Palabras claves de la conversación

Madanm – Señora
Isit – Aquí - Aca
Avèk – Con*
Sè mwen – Mi Hermana
Pa - Negación
Santi – sentir
Kisa – que
Genyen-Gen – Tener
Anyen – Nada
Men - pero
Pitit mwen – mi Hijo
Mwen regret sa – lo lamento
Abyentò – hasta pronto

Pase bon jounen – tenga un buen dia / pase un buen
dia
Pou – por / para*
Vizit-la – la visita

*Avèk – Con. En algunos casos escuchara Avè sin
la K al final, en otros casos vera AK, todos son
diferentes voces de Avè.

Pou – por / para. Como hemos visto tanto significa
Por como tambien Para, sin embargo cuando uno
quiere hacer la distinción entre uno y otros
entonces deberá usar Pou en el sentido de Para y
PA en el sentido de Por.

Notas Gramaticales

Pronombres Personales: en Creole existen dos
formas para los pronombres personales. La forma
completa y la forma contracta.

Forma Completa	Forma Contracta
Mwen – Yo	M
Ou – Tú / Ústed	W
Li – Él / Ella	L
Nou – Nosotros / Ustedes	N
Yo – Ellos / Ellas	Y

Como podemos ver en Creole solo existen 5
pronombres personales a diferencia del español.
Li: usted podrá darse cuenta cuando se refiere a él
o a ella por el contenido de la oración,

conversación o del sujeto a quien nos referimos. Revise el DIALOGO DOS…
Es importante resaltar que en Creole el uso de la forma completa es tan común como el uso de la forma contracta.

Pronombres Compuestos: Son muy usados en Creole y se forman en combinación con la forma completa del pronombre personal y la partícula "MENM" la cual por si sola significa, mismo o misma. Recuerde que nunca se usan con la forma contracta del pronombre.

Mwen Menm – Yo Mismo (a)
Ou Menm – Tu / Usted Mismo (a)
Li Menm – El Mismo / Ella Misma
Nou Menm – Nosotros (as) Mismos (as) / Ustedes Mismos (as)
Yo Menm – Ellos Mismos / Ellas Mismas

A veces en Creole cuando se quiere hacer mucho énfasis en algo se repite la partícula "Menm" dos veces. Eje: Mwen menm menm…

Habilidad
Para expresar el poder o no poder hacer algo se usan las partículas "KAPAB, KAP & KA"

Kapab, kap o ka poder hacer algo	Capaz o ser capaz de,
Mwen kapab pale kreyòl	Puedo hablar kreyòl
Nou pa ka ale	No podemos ir
Mwen pa ka Domi	No puedo dormir

Negativo

Para formar el negativo solo coloque la particula "PA" antes del verbo.

Mwen wè yon moun	Veo un hombre.
Mwen pa wè yon moun	No veo un hombre
Mwen pa janm wè moun yo (hombres)	Nunca los veo
Mwen pa wè anyen	No veo nada
Mwen pa wè pesonn	No veo a nadie
Mwen poko wè yon moun todavía	No veo a nadie
Pa janm	Nunca
Poko	*Todavía (no usa pa)*

La Practica Hace Al Maestro

1. Traduzca al español las siguientes oraciones
a. Mwen ka domi
b. Kisa ou genyen
c. e. Kijan w yè madanm?
c. Poukisa ou pa ka ale ?
d. Mwen menm, mwen trè byèn

2. Traduzca al Creole las siguientes oraciones
a. Yo nunca duermo
b. Nosotros todavía no hablamos
c. e. Yo estoy mas o menos
c. ¿Porque ellos no hablan?
d. ¿Qué tiene ella?

Cultura e Historia[1]

Creole o criollo haitiano es uno de los dos

[1] www.wikipedia.com

Yeral E. Ogando

idiomas oficiales hablados en Haití, también es hablado en las Bahamas, Canadá, Islas Caimán (Territorio de Ultramar británico), República Dominicana, Guayana Francesa (Depto. de Ultramar de Francia), Guadalupe (Depto. de Ultramar de Francia), Puerto Rico (Estado libre asociado), Estados Unidos, Venezuela, Francia, Cuba, Belice - Dominica -Martiniqués - Mauricio - Reunión - Santa Lucia - San Vincent & Las Granadas - Seychelles – Las Islas Vírgenes.

Está estructuralmente basado en el francés, pero mezclado con lenguas del África Occidental, como el wolof y algunas lenguas gbe. Muestra también influencias de otras lenguas africanas, como el fon, ewé, kikongo, yoruba e igbo, también del árabe, español, taino e ingles.

La historia del Creole haitiano es incierta. La primera referencia conocida del Creole se encuentra en la alusión que se hace a él en el texto en francés de "Voyage d'un Suisse dans différentes colonies d'Amérique pendant la dernière guerre", del suizo Justin Girod-Chantrans, editado en 1785 y reeditado en 1786.

Desde 1961 el Creole haitiano es una lengua oficial junto con el francés, que había sido la única lengua literaria de Haití desde su independencia en 1804, el Creole fue oficialmente reconocido en la constitución haitiana en el 1987.

Un Poco Más – Conociendo La Familia

Fanmi-a –   La Familia
Papa -   papa
Manman -   Mama

22

Mari –	Esposo - Marido
Madanm -	Esposa
Gason –	Hijo - Hombre
Fi –	Hija
Frè -	Hermano
Sè -	Hermana
Tonton -	Tio
Tant -	Tia
Kouzen –	primo
Ti bebè-a –	El Bebe
Ti moun-nan –	La Bebe
Ti Gason –	Muchacho
Ti Fi -	Muchacha
Jenn Moun -	Joven
Jenn Fi –	Joven (Femenino)
Gran Moun Gason -	Viejo
Gran Moun Fanm -	Vieja
Fanm -	Mujer
Granmè -	Abuela
Granpè –	Abuelo

Versiculo Biblico
Women 3:23
Tout moun fè peche; yo tout vire do bay Bondye ki gen pouvwa a.

Mwen Konprann Kreyòl – Yo Etiendo Creole

En esta unidad usted aprenderá

- Como mostrar su conocimiento del Creole
- Uso correcto de los verbos y sus conjugaciones
- Conocer las diferentes nacionalidades

Dialogo Uno

Lazard: Bonjou madanm, eske w pale kreyòl?

Tiffany: Bonjou mesyè, wi, mwen pale yon ti kras

Lazard: poukisa se yon ti kras?

Tiffany: paske m manke pratike, eske w ka pratike ansanm avèk -mwen?

Lazard: non, m pa ka pratike avè-w kounye-a, men si m gen telefon ou, n'ap ka pratike.

Tiffany: Eh! Byen men nimewò pam 809-333-3222

Lazard: dakò madanm, nimewò mwen se 809 222 2121.

Tiffany: eske ou ka repete nimewò-a, silvouplè?

Lazard: asireman madanm, nimewò-a se

809 222 2121.

Tiffany: ok, m'ap rele w pita

Lazard: Dakò…

Palabras claves de la conversación

Eske –   interrogativo

Pale -   hablar

Kreyòl –   Creole

Wi –   si

Yon ti kras –   un poco

Poukisa –   porque

Ka –   poder

Paske –   porque para contestar

Manke -   faltar

Pratike –   practicar

Avè-w –   con usted / contigo

Telefon -   telefono

Dakò –   de acuerdo

Nimewò mwen – mi numero

Repete -   repetir

Silvouplè –   por favor*

Asireman –   seguro / por supuesto

Pita –   mas tarde

*Silvouplè – por favor. Tambien se puede usar Tanpri, lo único que este ultimo de una sensación de ruego o suplica en un sentido mas profundo que Silvouplè.

Dialogo Dos

Jan: Bonjou mesyè, mwen se frè Jan, sè

mwen rele m pou m   ede-w

Jeral: Bonjou frè Jan, mwen se Jeral, anchante…

Jan: anchante mesyè, eskize'm mesyè, ou se dominikèn ?

Jeral: wi, mwen se dominikèn.

Jan: kisa w ta renmen m fè pou w ?

Jeral: mwen rantre isit pou premyè fwa, m ta renmen vizite chandmas.

Jan: ok, annou prann yon randevou pita, apati de senk è.

Jeral: ok, dako frè Jan, a senkè.

Jan: dakò mesyè, m'ap la senk minit avan…

Jeral: dakò Jan, m'ap la.

Palabras claves de la conversación

Jan –	Juan
Ede -	ayudar
Dominiken -	Dominicano
Ta renmen -	gustaria
Fè -	hacer
Rantre -	entrar
Premyè fwa –	primera vez
Vizite -	visitar
Chandmas*-	parque principal de Haiti
Annou pran –	tomemos
Randevou -	cita
Apati –	a partir
Senk è –	las 5
Map-la –	ahí estare

Minit -   minuto
Avan –   antes

Notas Gramaticales

El verbo y su conjugación – tiempo presente.

Lo maravilloso del idioma Creole es que los verbos nunca cambian a diferencia del español. El verbo siempre permanece en infinitivo para todos los tiempos y personas; para formar los diferentes tiempos gramaticales solo se le agrega una partícula, es importante resaltar que en Creole todos los verbos son regulares, ósea que no existen los verbos irregulares.

Tiempo Presente

Pale   -   Hablar
Mwen pale –   Yo hablo
Ou pale –   Tú hablas / Ústed habla
Li pale –   Él habla / Ella habla
Nou pale –   Nosotros (as) hablamos / Ustedes hablan
Yo pale –   Ellos hablan / Ellas hablan

Vemos lo sencillo que es conjugar y utilizar el verbo en Creole, como ya dijimos nunca cambia, siempre se mantiene en infinitivo.

Es importante resaltar que la partícula "ESKE" se usa para hacer preguntas y se coloca al inicio de la oración.

La partícula "PA" se usa para formar la negación de cualquier oración, siempre se coloca delante del

verbo para crear la negación.
Ejemplo:
Eske ou pale kreyol?   Wi, mwen pale kreyol
                            Non, mwen pa pale kreyol

Interrogativo
Eske ou pale kreyol? ¿Habla usted Creole?

Afirmativo
Mwen pale kreyol. Yo hablo Creole.

Negativo
Mwen pa pale kreyol. Yo no hablo Creole.

Listado De Verbos

Achte	Comprar
Aksepte	Aceptar
Ale	Ir
Ansenye	Enseñar
Antre	Entrar
Bay	Dar
Blese	Herir
Bliye	Olvidar
Bwè	Beber
Bwose	Cepillarse
Chante	Cantar
Chifonnen	Arrugar
Chita	Sentarse
Danse	Bailar
Dekonpoze	Descomponer
Depanse	Gastar
Desann	Bajar / Descender
Diminye	Disminuir

APRENDA CREOLE HAITIANO

Dòmi	Dormir
Ekonomize	Ahorrar / Economizar
Ekri	Escribir
Eksite	Emocionarse
Endispoze	Desmayarse
Etidye	Estudiar
Fè	Hacer
Fè mal	Doler
Fenmen	Cerrar
Fimen	Fumar
Fini	Terminar
Foule	Herirse, Lastimarse
Goute	Saborear
Jwenn	Encontrar
Kalme	Calmar
Kanpe	Pararse
Kenbe	Agarrar, Sostener
Kite	Dejar / Permitir
Komanse	Comenzar
Konprann	Comprender, Entender
Kouche	Recostarse / Acostarse
Kouri	Correr
Kriye	Llorar
Lave	Lavar
Leve	Levantar (se)
Li	Leer
Mache	Caminar
Mande	Pedir / Preguntar
Manje	Comer
Mete	Poner / Meter
Monte	Subir
Mouri	Morir
Mouye	Mojar
Ogmante	Aumentar

Ouvri	Abrir
Pase	Pasar / Planchar
Pati	Partir
Pèdi	Perder
Penyen	Peinar
Rayi	Odiar
Refize	Rehusar / Negar / Rechazar
Rele	Llamar
Renmen	Amar / Gustar
Repoze	Reposar
Resevwa	Recibir
Rete	Quedar / Permanecer
Retire	Retirar
Reveye	Despertar
Revini	Mejorarse / Revivir
Ri	Reír
Rive	Llegar
Santi	Oler / Sentir
Seche	Secar
Sonje	Recordar
Sòti	Salir
Tande	Escuchar
Touche	Tocar
Vann	Vender
Vini	Venir
We	Ver
Wete	Quitar

La Practica Hace Al Maestro

1. Llene e espacio en blanco con el verbo correspondiente

a. Mwen _____ kreyòl   d. Yo
   vle _____ Jezi
   Hablar

Aceptar

b. Eske ou _____?   e. Li

vle _____

Herir

Morir

c. Yo pa _____ ansenye kreyòl   f. Nou

pa ka _____ Pastè-a

Querer   *Olvidar*

2. Convierta en pregunta las siguientes oraciones

a. Mwen ka pale kreyòl   c. Li pa vle manje

b. Nou dwe ale   d. Ou bezwen lajan

c. e. Li konprann espanyol

3. Cambie las siguientes oraciones en negativas o positivas, según sea el caso

a. Mwen pale espanyol trè byèn   c.   Nou bezwen ale kounye-a

b. Ou pa ka konprann kreyòl   d. Li pa vle etidye espanyol

c. e. Yo ka li kreyòl

Cultura e Historia

La República de Haití o Haití, es un país del Caribe, en la parte occidental de la isla Española, limitando, al este, con la República Dominicana. Su área total es de 27.750 km² y su capital es Puerto Príncipe. Haití es una antigua colonia francesa, fue el segundo país americano en declarar su independencia, en 1804, le antecede Estados Unidos. Haití es recordada en los anales de la Historia de la Humanidad por ser el primer caso en que los esclavizados abolieron el sistema esclavista de forma autónoma y perdurable en el tiempo, sentando un precedente definitivo para el fin de la esclavitud en el Mundo.

El 5 de diciembre de 1492 Cristóbal Colón arriba a La Española, parte de las que serán llamadas Antillas Mayores y la isla pasa a formar parte del imperio español. Antes de la llegada de los españoles, estaba habitada por las etnias arawak, caribes y taínos; su población estimada entonces era de unos 300.000 habitantes.

En las zonas despobladas de la parte oeste se fueron asentando los bucaneros, hombres que vivían de la caza de reses y cerdos cimarrones, el comercio de pieles y el cultivo de tabaco y los filibusteros, ambos de origen francés. Primeramente ocuparon la Isla de la Tortuga y más tarde, estos poblamientos determinaron que la parte oeste de la isla fuera reclamada por Francia. En 1697, por el Tratado de Ryswick, España cedió a Francia esa parte de la isla, constituyéndose el Saint Domingue francés.

A mediados del siglo XVIII, el Haití colonial, ocupado por Francia bajo un férreo y cruel sistema esclavista, contaba con una población de 300.000 esclavos y apenas 12.000 personas libres, blancos y mulatos principalmente.

El largo proceso emancipador, tiene por protagonista a François Dominique Toussaint-Louverture quien entre 1793 y 1802 dirige la revolución haitiana con sagacidad, enfrentando a españoles, ingleses y franceses, hasta su captura, destierro y muerte en Francia.

En 1803, Jean Jacques Dessalines vence definitivamente a las tropas francesas, en la Batalla de Vertierres y en 1804 declara la independencia de Haití, proclamándose Emperador. En 1822, las tropas haitianas invadieron la parte oriental de la isla de La Española (República Dominicana), que recobraría su independencia en 1844. La gran inestabilidad política del país sirvió a Estados Unidos como pretexto para invadirlo en 1915 y ejercer así un control absoluto hasta 1934.

En 1957 fue elegido como Presidente François Duvalier. Conocido popularmente como Papa Doc, que gobernó dictatoríamente, y en 1964 se hizo proclamar presidente vitalicio. Su hijo Jean-Claude Duvalier (Nené Doc) le sucedió en 1971. En enero de 1986 una insurrección popular le obligó a exiliarse y el ejército se hizo con el control del poder, mediante la formación de un Consejo Nacional de Gobierno, presidido por el general Henri Namphy.

En enero de 1988 ascendió a la Presidencia Leslie François Manigat pero fue depuesto en julio del mismo año por Namphy, a quien derrocó Prosper Avril. Tras una presidencia provisional de Ertha Pascal Trouillot, depuesta por un golpe de Estado, Jean-Bertrand Aristide fue presidente electo, a partir de febrero de 1991, siendo también depuesto, tras una grave crisis interna en el año 2004, que incluyó violentos episodios, que culminaron con la ocupación de Haití por parte de los "Cascos Azules" de la ONU. En el 2006, René Préval resulta electo presidente del país.

Un Poco Más – Nacionalidades

Afriken –	Africano
Alman -	Alemán
Ameriken -	Americano
Arab -	Arabe

Ayisyen -	Haitiano
Chinwa -	Chino
Dominiken -	Dominicano
Ebrè –	Hebreo
Espanyol –	Español
Fransè-	Francés
Grek -	Griego
Italyèn-	Italiano
Japonè -	Japonés
Potigè -	Portugués
Ris -	Ruso
Women –	Romano

Versiculo Biblico

Travay 4:12 Se li menm sèl ki ka bay delivrans paske Bondye pa bay non okenn lòt moun sou latè ki kapab delivre nou.

Nan Biwò – En La Oficina

En esta unidad usted aprenderá
- Como comunicarse en la oficina
- Como decir cuando algo le pertenece
- Conocer los animales, las partes del cuerpo

Dialogo Uno

Jan: Bonjou madanm, eske m ka we mesyè Jan?

Cheri: kimoun k'ap mande pou li?

Jan: Mwen se mekanisyen vwati li, e m mennen machin-nan pou li...

Cheri: Eskize'm, machin kimoun?

Jan: Machin mesyè Jan pol la.

Cheri: Ah-ah! mesyè Jan pol, ok Dakò. Eh! li okipe kounye-a.

Jan: sa-a se kle-a, eske ou ka bay l mesyè Jan pou mwen, silvouplè?

Cheri: avèk plezi...

Jan: mesi madanm, ou trè janti, bon jounen.

Cheri: mesi mesyè, bon jounen...

Palabras claves de la conversación

We –   ver

35

Kimoun -	quien*
Kap mande –	esta preguntando / pidiendo
Mekanisyen -	mecanico
Mennen –	llevar, traer, portar
Machin nan –	Auto, maquina
Li okipe –	èl esta ocupado
Kle-a –	llave
Bay-	dar
Plezi -	placer
Janti -	gentil
Bon jounen –	buen dia

*Kimoun – quien. Tambien podemos decir Kiyes.

Dialogo Dos

Chef: Bonjou Alba:

Sekrete: Bonjou mesyè Jan, kòman ou yè?

Chef: mwen byèn, mesi. Eske ou gen kèk nouvèl pou mwen?

Sekrete: wi, mesyè. Mekanisyen– an te kite kle-a pou w, men li ansanm avek resi-a.

Chef: ok, mesi... mwen pa disponib pandan karant senk mini.

Sekrete: dakò mesyè Jan, eskize'm, e si toutfwa se ta madanm ou?

Chef: eh-eh! m pa konnen...

Palabras claves de la conversación

Sekretè –	Secretaria (o)
Chèf -	Jefe

Kèk –   algún (a)
Nouvèl -   noticia
Te kite -   dejó
Men li –   aqui tiene / aqui esta
Ansanm –   junto
Resi –   recibo / factura
Disponib -   disponible
Pandan –   mientras
Karant senk -   45
Toutfwa –   siempre / cada vez*
Si se ta madanm w – si fuera su esposa
M pa konnen –   no lo se

*Toutfwa – siempre / cada vez. No confundir esta palabra con toujou, la cual significa siempre; mientras que Toutfwa tiene un sentido de todas las veces o cada vez, sentido finito, no enterno.

Notas Gramaticales

Posesión: para expresar posesión en Creole solo se debe colocar el objeto poseído delante del poseedor.

Lakay mwen – mi casa
Madanm ou – tu esposa

Pronombres Posesivos
Estos se colocan después del objeto que se posee o al final de la oración.

Pam –   mio (a)
Paw –   tuyo / suyo refiriéndose a usted,
       de usted

Pali (Pal) –	de el / de ella
Panou –	nuestro / de ustedes
Payo –	de ellos / de ellas

Ejemplos:
Sa-a se lakay li – esa es la casa de el o de ella
Lakay pal – la casa de el o de ella
Sa-a se machin mwen – esa es mi maquina (auto)
Machin pam – mi maquina (auto)
Sa-a se liv li – ese es el libro de el o de ella
Liv pal – el libro de el o de ella

Pronombre Impersonal
Es cuando no se refiere a una persona, un lugar, o una cosa, entonces se usa el pronombre impersonal *LI.*

L'p fè lapli	Esta lloviendo
Li fè nwa	Esta oscuro
Li fè bon tan	Hace buen tiempo
Li fè fret	Hace frio
L'ap fè lapli	Esta lloviendo
Van an ap vante	Hace brisa
Syèl la ble	El cielo esta azul
Li fè fre	Hace fresco
Li fè cho	Hace calor
L'ap fè nej	Esta nevando
Tan an maske	Esta nublado
Tan an move	Hace mal tiempo
Tan an kalm	El tiempo está tranquilo
Tan an bèl	La temperatura esta linda

Preposiciones de lugar
| An / Nan | En, sobre |

An dedan /Dedan	Dentro
Anba	Debajo
Anfas	En frente
Antravè	A través
Devan	Delante
Dèyè	Detrás
Deyò	Fuera
Kote / Bò kote	Próximo
Lwen	Lejos
Pami	En medio
Pre	Cerca

Preposiciones de manera, causa

Avèk / Ak	Con
Kont	En contra
Men	Pero
Poutèt / Petèt	Talvez
San	Sin
Sof	Excepto
A-mwens-ke	A menos que
Komsi	Así
Olye	En vez de
Paske	Porque
Pou	Para
Alo	Entonces
Anmwe/ Ed	Socorre/ Ayuda
Banm Zorèy mwen	Cállate (cállese)
Kisa	Que
Lapè	Paz
Trankil	Tranquilo
Silans	Silencio

La Practica Hace Al Maestro

1. Traducir al Creole las siguientes frases

a.   Mi auto
b.   d. Esa es la casa de el
c.   La casa de ella
d.   e. Esa es mi esposa
e.   El libro de Josue
f.   f. Mi libro
2. Traducir al español ls siguientes frases
   a. Syèl-la blè
   b. Li fè bon
   c. Li fè frèt
   d. Lap fè lapli
   e. Li fè nwa
   f.   Li fè chò

Cultura e Historia[2]

Esta es una síntesis de la cronología de la historia haitiana:

•   Antes de 1492: Asentamientos indígenas, principalmente de las culturas arawak, caribe y taina.

•   1492: Llegada de Cristóbal Colón a la isla.

•   1517: Autorización de la trata de negros por Carlos I de España, e introducción de esclavos africanos en el continente americano.

•   1697: Separación de la isla entre Francia y España bajo el Tratado de Ryswick.

•   1685: Promulgación del Código Negro bajo Luis XIV.

•   1790: Asamblea Colonial promovida por los colonos blancos.

•   1791: Revuelta de los esclavos.

[2]www.wikipedia.com

- 1793: Liberación de los esclavos de Saint-Domingue por los comisarios Sonthonax y Polverel.
- 1794: Abolición general de la esclavitud por la Convención.
- 1801: Promulgación de una constitución bajo Toussaint Louverture.
- 1802: Pacto de Amistad con Inglaterra. Expedición de Leclerc.
- 1804: Independencia de Haití. Jean Jacques Dessalines primer gobernante y emperador.
- 1806: Henri Christophe sucede a Jacques I como gobernante y rey (hasta su suicidio en 1820).
- 1822: Haití invade la parte oriental de la isla de Santo Domingo.
- 1826: Reconocimiento de la independencia por Francia, contra una indemnización de 150 millones de francos-oro.
- 1844: Haití pierde el control sobre la parte oriental. Independencia de la República Dominicana.
- 1847: Faustino I Soulouque asume la presidencia y luego el trono imperial hasta 1859.
- 1915-34: Ocupación militar estadounidense.
- 1957: Elección de François Duvalier.
- 1971: Jean-Claude Duvalier sucede a su padre el 22 de abril.
- 1986: Fuero y exilio de Jean-Claude Duvalier (7 de febrero de 1986)
- 1988: Leslie Manigat (7 de febrero de 1988 - 20 de junio de 1988).(candidato a la elección presidencial de 2006).
- 1988: Henri Namphy (20 de junio de 1988 -

Yeral E. Ogando

18 de septiembre de 1988).
•   1988: Prosper Avril (18 de septiembre de 1988 - 10 de marzo de 1990)
•   1990: Ertha Pascal-Trouillot (18 de marzo de 1990 - 7 de febrero de 1991).
•   1990: Elección de Jean-Bertrand Aristide (víctima de un golpe de Estado el 30 de septiembre de 1991. Tras tres años de exilio, vuelve al país el 15 de octubre de 1994 para terminar su mandato).
•   1996: Elección de René Gacia Préval (7 de febrero de 1996 - 7 de febrero de 2001).
•   2001: Elección de Jean-Bertrand Aristide.
•   2004: Deposición y exilio forzado de Jean-Bertrand Aristide. Instauración del gobierno interino.
•   2004: Boniface Alexandre (presidente provisional del 29 de febrero de este año al 14 de mayo del 2006).
•   2006: Elección de René Préval.
•   Haití es una república presidencialista con un presidente elegido popularmente y una Asamblea Nacional. De todas formas, algunos sostienen que es manejado por un gobierno autoritario en la práctica. La constitución fue introducida en 1987 y está basada en las constituciones de Estados Unidos y de Francia. Luego de haber sido suspendida por algunos años, fue reinstaurada por completo en 1994.
•   Aristide asumió en 2001 un segundo mandato, tras ganar unas elecciones cuestionadas internamente y por la comunidad internacional. La situación económica y la corrupción generan manifestaciones y disturbios en contra del Aristide el 29 de febrero de 2004y la crisis generalizada

culmina con la renuncia del presidente Jean-Bertrand Aristide.

• Las elecciones presidenciales en Haití de 2006, fueron para substituir al gobierno interino del presidente Boniface Alexandre y el primer ministro Gerard Latortue quienes obtuvieron sus cargos después del derrocamiento en 2004 de Jean-Bertrand Aristide. Las elecciones fueron vigiladas y organizadas por la ONU. El ganador fue René Préval pro-Aristide.

Un Poco Más – Los Animales

Bèf	Vaca
Chwal	Caballo
Kodenn	Pavo
Chamo	Camello
Kabrit	Chivo
Chyen	Perro
Lyon	Leon
Koulèv	Culebra
Sourit	Raton
Lou	Oso
Kochon	Puerco / Cerdo
Zèb	Zebra
Bourik	Burro
Elefan	Elefante
Mouton	Oveja
Chat	Gato
Tig	Tigre
Rat	Rata
Poul	Pollo
Kana	Pato

Partes Del Cuerpo

Tèt	Cabeza
Fwon	Frente
Souci	Cejas
Nen	Nariz
Lèv	Labios
Jansiv	Encias
Figi	Cara
Manton	Barbilla
Zepol	Hombros
Bra	Brazos
Dwèt	Dedos
Lestonmak	Estomago
Vant	Barriga (cintura)
Jenou	Rodillas
Talon Pye	Talon
Zòtey	Dedos de los pies
Bwos dan	Cepillo
Bwos cheve	Cepillo del cabellos
Cheve	Cabellos
Je	Ojos
Popye	Pestanas
Bouch	Boca
Dan	Diente
Lang	Lengua
Zorèy	Orejas
Kou	Cuello
Anbabra	Axilas
Men	Manos
Zong	Uñas
Pwatrin	Pecho
Kè	Corazon
Jam	Piernas
Pye	Pies

Zong pye	Unas de los pies
Pat	Pasta dental
Penyen	Peine
Savon	Jabon
Sevyet	Toalla
Zepeng cheve	Pincho
Krèm pou bab	Crema de afeitar
Odè / Pafen	Perfume
Fa	Pinta labios
Chanpou	Champoo
Sevyet men	Toallas de mano
Sechwa	Secador
Razwa	Rasuradora
Losyon	Colonia

Versiculo Biblico

Ebrè 10:12

Men, Kris la pou tèt pa l' fè yon sèl ofrann san pou tout peche yo, yon ofrann san ki bon pou tout tan. Apre sa, li chita sou bò dwat Bondye.

Nan Lopital – En El Hospital

En esta unidad usted aprenderá

- Como visitar el medico
- Como decir cuando está enfermo
- Hablar en tiempo pasado y gerundio

Dialogo Uno

Alba: Bonswa mesyè, eske ou ka di m kòman m ka rive lopital jeneral?

Lazard: bonswa madanm, lopital jeneral la pa tèlman lwen; eske ou vle pran bis oubyèn a pyè?

Alba: m vle pran l a pyè…

Lazard: ok… ou dwe mache direkteman jiska ri lanteman, vire a goch nan premyè kafou, ou tounen a dwat, ou travesè premyè ri anfas, e lopital la sou men goch ou.

Alba: mesyè mwen regret sa, m pa fin konprann adrès la. Gen lè pito m pran yon bis. Ki bis kap mennen m dikekteman?

Lazard: trè byèn, sèlman pran yon bis ki pral potay leogan e mande chofè-a pou l depose w devan lopital jeneral.

Alba: mèsi anpil mesyè pou pasyans

46

ou, kenbe sa-a nan poch w.

Lazard: ok, mèsi e bon vwayaj…

Potay leogan - Una estación de autobús en Haiti, en donde se puede encontrar transporta para cualquier parte del pais.

Palabras claves de la conversación
Bonswa – buenas tardes / noches*
Rive – llegar / arribar
Lopital jeneral – hospital
Tèlman - tan
Lwen – lejos
Vle - querer
Bis – autobús / guagua
Oubyèn - osea
A pyè – a pie
M vle prann l a pyè – me ira a pie
Dwè - deber
Mache - caminar
Direkteman – directo- directamente
Jiska – hasta
Ri - calle
Vire – doblar / virar
Goch – izquierda
Premyè kafou – primer semáforo
Tounen – regresar / volver
Dwat – derecho / derecha
Travesè - cruzar
Anfas – en frente de
Sou men goch ou – a su mano izquierda
M pa fin konprann – no llego a comprender
Adrès la – la direccion

Gen lè m pito pran – en ese caso yo prefiero tomar
Sèlman - solamente
Potay leogan* - Una estación de autobús en Haiti
Chofè-a- el chofer
Depose - depositar
Devan - delante
Pasyans ou – su paciencia
Kenbe – mantener
Bon vwayaj – buen viaje

*Bonswa – buenas tardes o buenas noches. Este saludo se usa siempre a partir de las 5 o seis de la tarde.

Dialogo Dos

Sekrete: Bonjou madanm, kisa w vle m fè pou w?

Madanm: mwen ta renmen konsilte doktè Jak.

Sekrete: konsiltasyon an se senk san goud, si w gen asirans se twasan goud.

Madanm: mwen pa gen asirans. Vwala madanm senksan goud.

Sekrete: w'ap we doktè-a aprè karant senk minit.

Madanm: se twòp tan madanm, m prese…

Sekrete: si ou prese, ale, wap tounen aprè trant minit.

Madanm: Ok, eske m ka ale avèk senk san goud mwen?

Sekrete: m pa kwe sa madanm, m gen tan fè kat pou ou.

Madanm: ok, m' espere, lè m tounen m jwenn doktè ap tann mwen...

Karant senk minit aprè...

Sekretè: antre madanm...

Madanm: Bonjou doktè, ou konnen m'pa santi m byèn, m' kwe m malad...

Dokte: kisa w santi madanm?

Madanm: tèt fè mal, lafyèv, grip e m pa ka domi...

Doktè: eske ou santi tèt vire, Eske w-ap touse?

Madanm: wi, m santi tout sentòm sa-yo.

Doktè: ah-ah ! bon ! ou reyelman malad madanm. Bwè anpil dlo, m-ap ba w kèk grenn aspirin...bwè anpil ji e tounen nan sèt jou...

Madanm: mèsi doktè pou konpreyansyon w, na we nan sèt jou.

Doktè: ok madanm, pwochen jedi si Dyè vle.

Palabras claves de la conversación

Konsilte -	consultar
Doktè -	doctor
Konsiltasyon –	consulta
Senk san goud –	500 goud
Asirans -	seguro

Twa san goud –	300 goud
Aprè -	despues
Twòp tan –	demasiado tiempo
M prese –	tengo prisa / estoy rapido
Ale -	ir
Wa tounen –	usted regresará
Trant mini –	30 minutos
Kat ou –	su tarjeta
Kwè -	creer
M' espere –	yo espero (de esperanza)
Jwenn -	encontrar
Tann -	esperar
Antre -	entrar
Konnen -	conocer
Malad -	enfermo
Tèt fè mal –	me duele la cabeza
Maladi –	enfermedad
Goj fè mal –	dolor de garganta
Vant fè mal –	dolor de estomago
Bra m krase –	me rompi un brazo
Lafyèv –	fiebre
Grip -	gripe
Dòmi -	dormir
Tèt vire -	mareo
Touse -	toser
Tout -	todo
Sentòm -	sintoma
Reyelman -	realmente
Bwè -	beber
Anpil -	mucho
Dlo -	agua
Grenn -	pastilla
Aspirin -	aspirina
Ji -	jugo

APRENDA CREOLE HAITIANO

Sèt jou –   7 dias
Konpreyansyon -   comprension
Jedi -   jueves
Si Dyè vle –   si Dios quiere*
Pwòchen –   próximo (a)
Mwen koupe tèt mwen – me corte
Mal dan –   dolor de diente (muela)
Malozye –   dolor en los ojos
Mwen blese tèt mwen – me hice daño / me herí
Mwen gen yon rim – tengo un resfriado

*Si Dyè vle – si Dios quiere. Tambien se puede decir Bondyè, en lugar de Dyè.

Notas Gramaticales
Ya hemos aprendido a usar los verbos en tiempo presente, nos hemos dado cuenta lo fácil que es trabajar con los verbo en Creole; como dijimos anteriormente los verbos nunca cambian. En esta unidad estaremos viendo el presente progresivo o gerundio y el pasado simple o perfecto.

Presente Progresivo – Gerundio
Este tiempo es conocido en español por la terminación "Ando-Iendo" en Creole se forma agregando la partícula "AP" al pronombre o al nombre; cabe notar que con este tiempo siempre se usa la forma contracta del pronombre.

M ap – pale – Yo estoy hablando
W ap – pale – Tú estas hablando / Ústed está hablando
L ap – pale - Él / ella está hablando

51

N ap – pale – Nosotros estamos hablando / Ustedes están hablando
Y ap – pale – Ellos / Ellas están hablando

Ejemplo:
Eske w ap pale avèk mwen?
Wi, m ap pale avèk ou menm.
Non, mwen p-ap pale avèk w

Note la construcción cuando se usa en forma negativa… mwen p-ap pale avèk w

Pasado Simple o Pasado Perfecto
Este tiempo se usa agregando la partícula "TE" al nombre o al pronombre…

Mwen te pale – Yo hable o Yo he hablado

Ou te pale – Tú hablaste o Tú has hablado / Ústed habló o Ústed ha hablado

Li te pale – Él Habló o Él ha hablado / Ella hablo o Ella ha hablado

Nou te pale – Nosotros hablamos o Nosotros hemos hablado / Ustedes hablaron o Ustedes han hablado

Yo te pale – Ellos hablaron o Ellos han hablado / Ellas hablaron o Ellas han hablado

Eske ou te pale avèk papa m ye swa ? - ¿Hablaste con mi papa ayer por la noche?
Wi, m' te pale avèk papa-w ye swa. - Si, hable con

tu papa ayer por la noche.

Non, m' pat pale avèk papa-w ye swa. - No, no hable con tu papa ayer por la noche...

Note la construcción en la negación... pat pale, esta es una contracción, puesto que usted puede tanto usar la contracción como usar la forma normal que seria, pa te pale... normalmente se usa mas la contracción.

La Practica Hace Al Maestro

1. Llenar el espacio en blanco con el gerundio
a. M' _____ avè-w
   Estoy hablando
b. L' _____ dlo
   Esta bebiendo
c. N' _____ travay
   Estamos buscando
d. Y' _____ byèn
   Están pensando
e. W' _____ mizik
   Estas estudiando
2. Llene el espacio en blanco con el pasado simple o pasado perfecto
a. Mwen _____ avèk ou ye swa
   Hable
b. Nou _____ travay
   No hemos cambiado
c. Eske ou _____ madanm mwen?
   Has visto
d. Ou_____ asepte sitirasyon sa-a
   No ha querido
e. Li _____ lakay mwen

No durmio

f. Eske ou _____ jedi swa lakay m?

Viniste

Cultura e Historia[3]

Bandera de Haití

La bandera de Haití fue adoptada el 25 de febrero de 1986, pero su diseño se remonta a principios del siglo XIX. Es una bandera compuesta por dos franjas horizontales del mismo tamaño de color azul (la superior) y rojo (la inferior). En un primer momento la franja azul fue de color negro. En el centro de la misma figura, dentro de un rectángulo de color blanco, el escudo nacional. La bandera de uso civil carece de escudo.

Escudo de Haití

El escudo de armas de Haití consiste en una

---

[3]www.wikipedia.com

palmera coronada por el gorro frigio con los colores de la bandera nacional. Al pie de la palmera aparece representado un tambor y a cada lado de la misma, tres rifles con bayoneta calada, el mismo número de banderas nacionales y diverso armamento, destacando dos cañones, uno a cada lado.

Un Poco Más - Los 7 Dias De La Semana

Lendi -	Lunes
Madi -	Martes
Mekredi -	Miercoles
Jedi -	Jueves
Vandredi -	Viernes
Samdi -	Sábado
Dimanch –	Domingo

Los Colores

Nwa	Negro
Blè	Azul
Wouj	Rojo
Mawon	Marron
Gri	Gris
Blan	Blanco
Vè	Verde
Woz	Rosado
Jonn	Amarillo

Versulo Biblico

Efesyen 2:8

Se paske li renmen nou kifè li delivre nou, nou menm ki mete konfyans nou nan li. Sa pa soti nan nou menm menm, se yon kado Bondye ban nou.

Vwayaj Pou Ayiti – Viaje A Haiti

En esta unidad usted aprenderá
* Como planificar un viaje
* Buscar informaciones útiles
* Usar el futuro y tiempo condicional en Creole

Monologo Uno

Mwen ta renmen ale an Ayiti lannen k'ap vini; men sa mande anpil planifikasyon pou m ale la... map imajine yon vwayaj manyifik...

Mwen dwe mete viza, konbyèn sa koute? Eske mwen dwe pran yon viza twa mwa, sis mwa ou viza douz mwa? Non, m pito yon viza douz mwa, konsa m ka vwayaje plizyè fwa an Ayiti pandan yon anè... mwen kwè li koute 200 dola ameriken. Eske m dwe pran avyon ou bis... avyon pi bon, men li koute chè, yo te di m li pran 35 mini pou l rive laba, sa-a se trè rapid... okontre bis-la pi bon mache, li koute 76 dola ameriken ale-retou... mwen pa sonje pri yo peyè nan dwann-nan... mwen dwe ale nan ambasad ayisyen an pou m mande enfomasyon.

Mwen pral fè resevasyon pou janvyè pwòchen; senmen pwòchen mwen dwe planifye agenda avèk pastè-yo...mwen pa

Yeral E. Ogando

sonje trè byèn sa ki te pase lane denye, paske m te planifye pou m ale an Ayiti, men mwen pat kapab ale... ah ! kounye-a m sonje...

Palabras claves del monologo

Ayiti –	Haiti
Lannen –	el año
Planifikasyon –	plan / planificacion
Imajine -	imaginar
Vwayaj –	viaje
Manyifik -	magnifico
Mete –	meter / entrar / poner
Konbyèn -	cuanto
Koute -	costar
Viza -	visa
Twa mwa –	tres meses
Sis mwa –	seis meses
Avyon –	avión
Pi bon -	mejor
Chè -	caro
Sa- a se trè rapid –	rápido
Okontre –	al contrario
Bon machè -	barato*
Sonje -	recordar
Pri -	precio
Peyè -	pagar
Ale-retou –	ida y vuela*
Dwann nan –	aduana
Anbasad ayisyen –	embajada haitiana
Enfomasyon -	informacion
Resevasyon -	reservacion
Janvyè -	enero
Senmen -	semana

Planifyè -	planificar
Agenda -	agenda
Konsa –	asi / de ese modo
Plizyè -	varios
Fwa -	vez
Yon anè –	un ano
Dola -	dolar
Ameriken –	Americano

*Ale-retou – ida y vuela. Esta expresión es muy usada en términos turísticos o viajeros.

Monologo Dos

Vwayaj pam se denmen, mwen konn abityè pale avèk kèk zanmi ayisyen sou Ayiti, finalman lè a rive... mwen pito fè malet depi jodi-a, paske machin-nan ap pati a 10è nan maten...

Nan estasyon bis-la

Atansyon, atansyon, pasaje pou Ayiti machin-nan gen pou sòti nan senk minit, tanpri pran machin nimewo twa...

Bis nimewò twa... ki kote li yè? Oh! Vwala...

Ajan: tikè, silvouplè. Mèsi, kite m ranje malet yo... men tikè pou malet-yo, ou kapab monte kounye-a... bon vwayaj...

Mwen gen mizik pou m tande pandan vwayaj la, mwen gen kamera pou foto. Bis la pran 7è de tan pou l rive. Mwen ansanm ak mobil mwen pou m ka kominike ak zanmi m yo pandan long vwayaj sa-a.

M'ap sipriyè Bondye pou l ka pwoteje nou pandan vwayaj sa-a...

Papa Bondyè ki nan syèl-la mwen ba-w remèsiman pou opotinite sa-a ke ou ban mwen, mwen mande w pou gide nou, pwoteje nou, e ke Sentespri w gide chofè-a. Ede nou rive an byèn, mwen lage lavi n nan men W. Senyè Jezi fe nou gras, se nan non w nou mande tout sa. AMEN...

Palabras claves del monologo

Denmen-   mañana
Konn abityè pale – suelo hablar
Zanmi -   amigo
Sou Ayiti –   sobre haiti
Finalman -   finalmente
Lè-a –   la hora
Pito -   preferir
Malet –   maleta / equipaje
Depi -   desde
Sòti -   salir
Estasyon -   parada
Fè lapèl -   llamar*
Prale –   ir (futuro)*
Atansyon -   atencion
Pasaje -   pasajero

APRENDA CREOLE HAITIANO

Creole	Español
Tanpri –	por favor
Tikè -	ticket
Kite m –	permítame / dejeme
Aranje -	arreglar
Monte -	subir
Bis –	autobus – guagua
Bon vwayaj –	buen viaje
Mizik -	musica
Tande -	escuchar
Kamera –	camera
Mobil mwen –	mi celular / mi móvil
Kominike -	comunicar
Long -	largo
Sipriyè –	orar / suplicar
Gide –	guiar
Syèl-la	cielo
Remèsiman -	agradecimiento
Opotinite -	oportunidad
Mande –	pedir / preguntar
Pwoteje -	proteger
Sentespri-a –	Espiritu Santo*
Chofè -	chofer
Lage –	dejar / poner / entregar
Men -	mano
Senyè -	senor
Gras –	gracia

*Fè lapèl – llamar. El verbo Fè tiene un uso bastante amplio en Creole. Fè lapel significa literalmente hacer llamada, lo cual seria lo mismo que usar el verbo rele. El Creole le da la ventaja a usted que si no recuerda un verbo, usted puede construirlo usando el verbo Fè más la acción.

Ejemplo.
Fè manje – kwit.
Sentespri-a – Espiritu Santo. Tambien se puede decir Lespri Sen.

Notas Gramaticales

Como ya hemos dicho, para formar los diferentes tiempos en Creole solo hay que agregar la particula correspondiente al tiempo que deseamos expresar.

Futuro

Este tiempo se forma agregándole la partícula "PRAL" al nombre o al pronombre.

Mwen pral pale – Yo hablaré
Ou pral pale – Tú hablarás / Ústed hablará
Li pral pale – Él / Ella Hablará
Nou pral pale – Nosotros hablaremos / Ustedes hablarán
Yo pral pale – Ellos / Ellas hablarán

Eske ou pral pale ak li denmen?
Wi, mwen pral pale avè-l denmen.
Non, mwen pa pral pale avèk li denmen

Algunas personas suelen decir « pwal » y al momento de hablar, es mas fácil decir « pwal » la cual es la forma de la pronunciación.

Condicional

Este tiempo se forma agregándole la partícula "TA" al pronombre o al nombre.

Mwen ta renmen – Me gustaria
Ou ta renmen – Te gustaria / Le gustaria
Li ta renmen – Le gustaría (El / Ella)
Nou ta renmen – Nos gustaria / Les gustaria
Yo ta renmen – Les gustaría (Ellos / Ellas)

Eske ou ta renmen pale avè-m?
 Wi, m ta renmen pale avè w
Non, mwen pa ta (pat) renmen pale avè w.

Note la construcción en negativo contracta, esta es idéntica a la del pasado simple o compuesto; es preferible usar la forma completa en el tiempo condicional para evitar confusión.

Oraciones Condicionales

Para formar este tipo de cláusulas se usa la particula "TE" en la primera parte de la oración y la particula "TAP" en la segunda.

Si mwen te konnen sa, mwen pa tap fè l. Si lo hubiese (hubiera) sabido, No lo hubiere (hubiese) hecho

Si w te fè sa m te di, ou pa tap bezwen vini jodi-a
Si hubieras hecho lo que te dije, no tendrias que venir hoy.

Mwen ta renmen	*Me gustaria*
Mwen ta ka	*Podria*

Acciones Habituales

Para expresar acciones de costumbres o que

normalmente realizamos se usa la partícula
"KONN ABITYE".

M' konn abitye – Yo suelo o acostumbro
Ou konn abitye – Tú sueles o acostumbras / Ústed
suele o acostumbre

Li konn abitye – Él suele o acostumbre / Ella suele
o acostumbre

Nou konn abitye – Nosotros solemos o
acostumbramos / Ustedes suelen o acostumbran

Yo konn abitye – Ellos suelen o acostumbran –
Ellas suelen o acostumbran

Li konn abitye fè lapli chak prentan – suele llover
cada primavera / es costumbre que llueva cada
primavera

Acciones de Preferencias

Para expresar una acción de elección o preferencia
usamos la partícula "PITO".

M' pito dlo ke kola – prefiero el agua a la coca cola
Mwen ta renmen maje, men mwen pito bwe dlo –
me gustaría comer, pero prefiero beber agua

La Practica Hace Al Maestro
1. Traduzca las siguientes oraciones al español
a. Mwen pral vwayaje denmen
b. Eske ou pral fini travay lendi pwochenn ?

c. Li pral pase vakans li lakay mwen
d. Yo pral ranje sitirasyon sa-a
e. Mwen pa pral fè w okènn favè
2. Traduzca las siguientes oraciones al Creole
a. Me gustaría estudiar ingles
b. Yo no hablaría con ella
c. ¿podría usted ayudarme?
d. Nosotros no hablaríamos con ellas
e. A ella le gustaría encontrar un trabajo
3. Llene el espacio en blanco con la particula correspondiente
a. Lapli _____ tombe
   Suele - acostumbra
b. Mwen _____ dlo ke kola
   Prefiero
c. Mwen _____ ale legliz
   Suelo - Acostumbro
d. Madanm mwen _____ fè manje chak jou
   Suele - Acostumbra

Cultura e Historia[4]
Geografía de Haití

Haití comprende la tercera parte de la isla La Española, al oeste de la República Dominicana y entre el Mar Caribe y el Atlántico Norte. Las coordenadas geográficas de Haití son 72° 25′ longitud oeste y 19° 00′ latitud norte. El área total es 27.750 km², de los cuales 27.560 km² es tierra y 190 km² es agua. Haití tiene 1.771 km de costas y 360 km de frontera con la República Dominicana. El punto más bajo de Haití es al nivel del mar. Su

[4]www.wikipedia.com

punto más elevado es la Chaine de la Selle a 2.680 m. No hay ríos navegables. El lago más grande es Etang Saumâtre, una masa de agua salada ubicada en la región sur. Ocupa la parte occidental de la isla La Española, en el mar Caribe o de las Antillas, que comparte con la República Dominicana. Se distingue por dos penínsulas (la de Saint-Nicholas al norte, y la de Tiburón al sur) que forman el golfo de la Gonaïves. Entre otras islas que pertenecen a Haití están las de Gonaïves y la de Tortuga. La mayor parte del suelo está formado por montañas, fuertemente erosionadas por la deforestación. Entre esas montañas hay cuatro planicies importantes. El subsuelo produce bauxita.

Clima

El clima de Haití es tropical. La estación más lluviosa se extiende de abril a junio y de octubre a noviembre y con frecuencia, el país es azotado por tormentas tropicales y ciclones. El 18 de septiembre de 2004, el huracán Jeanne alcanzó Haití. Una semana después, el balance no definitivo era de más de 1160 personas muertas y otras 1250 desaparecidas. Los efectos de esta tormenta agravó las ya difíciles condiciones de vida del país ya que dejó 170.000 personas sin alimentos ni agua. El clima es tropical en las costas y frío en las montañas. El calor disminuye gracias a las brisas marinas.

Un Poco Más – Los Doce Meses Del Año

| Janvye | Enero |
| Fevriye | Febrero |

APRENDA CREOLE HAITIANO

Mas	Marzo
Avril	Abril
Me	Mayo
Jen	Junio
Jiyè	Julio
D'aout	Agosto
Septanm	Septiembre
Oktob	Octubre
Novanm	Noviembre
Desanm	Diciembre

Las Cuatro Estaciones Del Año

Prentan	primavera
Etè	Verano
Otòn	Otoño
Ivè	Invierno

Expresiones De Tiempo

Douvanjou	Alba
Maten	Mañana
Aswè	Noche
Minwi	Media noche
Lannwit	Noche
Aswè a	Esta noche
Denmen	Manana
Apredenmen	Pasado mañana
Avan	Antes
Apre	Despues
Prezan	Presente
Bonè	Temprano
Pi bonè	Mas temprano
Nan maten	En esta mañana

Senmen pase-a	La semana pasada
Lanjelis	Crepusculo
Apremidi	Tarde
Midi	Medio dia
La jounen	Dia
Jodia	Hoy
Yè	Ayer
Avan-yè	Antes ayer
Maten an	Esta manana
Kounye- a	Ahora
Pase	Pasado
Fiti	Futuro
Ta	Tarde
Pi ta	Mas tarde
Nan aswè	En esta noche
Senmèn pwochen	Proxima semana

Versiculo Biblico

Matyè 3:2

Li t'ap di: Tounen vin jwenn Bondye. Paske, Bondye ki wa nan syèl la ap vin pran pouvwa a nan men l'.

Nan Otèl La – En El Hotel

En esta unidad usted aprenderá
* Como hacer una reservación
* Preparativos para una vacación
* Conocer los números, artículos

Dialogo Uno

Ring… ring… ring … ring…

Resepsyonis: otèl ayisyen, bonjou, kijan m ka ede-w?

Kliyan: bonjou, se nan otel ayisyen map pale?

Resepsyonis: wi, mesyè, se li menm… kijan m Ka ede-w?

Kliyan: mwen   ta   renmen   fe   yon resevasyon pou de moun.

Resepsyonis: absoliman,   ki   dat   ou   ta renmen fè li?

Kliyan: de jou nan avril-la…

Resepsyonis: silvouple kilè?

Kliyan: madi 5 jiska jedi 7 avril…mwen ta renmen rezève yon chanm pou yon koup

Resepsyonis: yon moman silvouple…kite m
        gade systèm-nan…

Kliyan: dakò, mèsi anpil

Resepsyonis: mèsi mesyè pou pasyans ou, nou gen disponibilite pou dat sa-a. Pri-a se 75 dola ameriken pou chak moun pou de nwit...eske ou ta renmen m fè resèvasyon kounye-a ?

Kliyan: wi, madmwazel, eske otèl-la asepte kat de kredit?

Resepsyonis: wi, mesyè, ban mwen enfòmasyon yo ...

Kliyan: non pam se Yeral Ogando e madanm mwen se Alba Iris...

Resepsyonis: mèsi mesyè, eskize'm, men kijan ou eple "Yeral"?

Kliyan: Y-E-R-A-L

Resepsyonis: mèsi anpil, resevasyon dejà fèt...chanm nan ap prè apre 3è e lè sòti-a se midi...

Kliyan: mèsi anpil, ou trè janti. N'a we nan mwa avril-la.

Resepsyonis: n'a we mesyè e mèsi paske w chwazi nou pou ou pase vakans ou...

Kliyan: se te yon plezi... bòn jounen

Resepsyonis: bon jounen mesyè Yeral...

Palabras claves de la conversación
Avril –   abril
Kilè -   cuando
Chanm doub – habitación doble
Yon moman silvouple – un momento por favor
Gade -   chequear / mirar

Systèm -	sistema
Disponibilite -	disponibilidad
Reseve -	reservar
Asepte –	aceptar
Kat de kredit –	tarjeta de crédito
Non -	nombre
Eple -	deletrear
Resevasyon -	reservación
Dejà -	ya
Apremidi -	tarde
Check-in –	entrada o check-in*
Check-out –	salida o check-out*
Midi –	medio día
Chwazi –	escoger / elegir
Vakans –	vacación

*Check-in y Check-out son dos términos en Ingles que se usan mundialmente en los hoteles para indicar entrada y salida.

Dialogo Dos

Kliyan: bonjou madanm, mwen te fè yon resevasyon pou yon chanm doub, men nimewo konfimasyon, eske m ka we chanm-nan, silvouple?

Ajan: wi, ou kapab

Kliyan: mwen regret sa-a madanm, men chanm-nan twò lwen...mwen ta renmen yon chanm ki bay sou lanmè. Eske gen yon disponib?

Ajan: fok mwen cheke mesyè, men nou gen yon tren ki mennen w nan pisin oubyen nan plaj-la tou, li pase chak 15 mini, li gratis e lap travay 24 sou 24...

Kliyan: mwen pito gen yonn avèk bon isaj

Ajan: mwen ka jwenn yonn pou-w, men check-in nan se a 3è...

Kliyan: kilè-l ye la?

Ajan: li midi edmi...men plan otèl-la, ou met ale manje e w a tounen a 3è...

Kliyan: dakò, mèsi anpil. N'a we pita..

A twazè...

Kliyan: bonjou mesyè, mwen vin chache kle chanm mwen an...

Ajan: ou se mesyè Yeral, pa vrè ?

Kliyan: Wi, men paspò-a...

Palabras claves de la conversación

Regret – lamentar
Twòp - demasiado*
Lanmè - mar
Disponib - disponible
Fòk - debo
Trenn - tren
Pisin - piscina
Plaj - playa

Chak -   cada
Travay –   trabajo / trabajar
Gratis -   gratis
Bel isaj – buena vista
Jwenn -   encontrar
Kilè li ye –   que hora es*
Plan -   mapa
Met ale –   puede ir (se puede ir, puede irse)
Kle -   llave
Se vrè –   es cierto / es verdad
Paspò -   pasaporte

*Twòp – demasiado. Algunas veces usted escuchara esta palabra sin la P al final, twò la cual tambien es aseptada.

Kilè li ye – que hora es o que horas son. En Creole no importa el momento del dia o de la noche, siempre la pregunta sobre la hora es la misma, esta no se pluraliza.

Notas Gramaticales

Sè: Ser o estar. Generalmente este verbo se sobre entiende y no se usa solo que para los siguientes casos:

Mwen fatige   Yo estoy cansado.
Yo nan mache Ellas están en el marcado

Nota: para formar preguntas, o el interrogativo, se coloca **ye** al final.

Ki kote yo ye?   ¿Dónde están ellas?
Kote w ye?   ¿Dónde estas?

Tiempo presente con el Verbo "Se"

Li se fre mwen   El es mi hermano
Li se sè mwen   Ella es mi hermana

Eske ou se zanmi mwen?   ¿Eres tú mi amigo?
Wi, mwen se zanmi ou   Si, yo soy tu amigo
No, mwen pa zanmi ou, mwen se lenmi ou   No,
yo no soy tu amigo, yo soy tu enemigo.

Eske granpapa m tris?   ¿Está triste mi
abuelo?
Non, granpapa m pa tris   No, mi abuelo no
está triste   Li kontan.   Él está
contento
Este verbo solo se usa en presente, nunca se usa en
otro tiempo, para eso solo se usa la partícula
necesaria.

Eske ou te la yè swa? ¿Estabas ahi ayer por la
noche?
Wi, mwen te la yè swa   - Si, estaba ahi ayer
por la noche
Non, mwen pa te (pat) la yè swa -No, no estaba
ahi ayer por la noche

Usamos el verbo SE si:

1. **El predicado es un nombre**
Jan se yon jadinye   Juan es un Jardinero.
Mwen se yon pwofesè   Yo soy un profesor

Yo se doktè	Ellos son doctores

2. Cuando el sujeto es sa (Eso, esa, ese)

Sa se bon bueno.	Eso esta bueno o Eso es
Sa se pa bon	Eso no es bueno
Sa se move	Eso es malo
Sa se byen	Eso está bien

3. Declaraciones enfáticas con ye – se colocan al final de la oración para darle énfasis a la oración.

Se ayisyen mwen ye soy	Es Haitiano que Yo
Se dominiken nou ye nosotros somos	Es dominicanos que

4. Oraciones sin el nombre del sujeto.

Se yon machin	Es un carro.
Se yon radyo	Es una radio
Se yon matla	Es un colchón
Se yon televisyon	Es un tv

Articulos

Se agrega LA cuando termina en cualquier consonante, a excepción de palabras que terminan en n o m.

Lèt	Carta
Yon lèt	Una carta
Lèt la	La carta
Lèt yo	Las cartas

Después de palabras que terminan en n, m, nm, nn, gn, ng, en vez de la, se les agregan NAN

Chanm	Habitación, cuarto
Yon chanm	Un cuarto, una habitación
Chanm nan	El cuarto, la habitación
Chanm yo	Los cuartos, las habitaciones
Chyen	Perro
Yon chyen	Un perro
Chyen an	El perro
Chyen yo	Los perros

Después de palabras que terminan en vocales se les agregan A

Ri	Calle
Yon ri	Una calle
Ri a	La calle
Ri yo	Las calles

Las palabras que terminan en vocal nasal se les agregan AN

Maten	Mañana
Maten an	La mañana

Como habrá notado el plural de los artículos, o de las palabras es YO.
Así mismo habrá notado que el artículo indefinido es Yon. El plural del mismo es kèk.

Yon chyen	Un perro
Kèk chyen	Algunos perros
Yon moun	Un hombre
Kèk moun	Algunos hombres

Nombres
Los mismos no tienen ningún género en Kreyol.

Bèf	Vaca
Poul	Pollo / gallina

El plural de los mismo es Yo, como ya indicado anteriormente.

Bèf yo	Las vacas
Poul yo	Los Pollos

Números Cardinales

1. En / Yon
2. De
3. Twa
4. Kat
5. Senk
6. Sis
7. Sèt
8. *Wit*
9. *Nèf*
10. *Dis*
11. *Onz*
12. *Douz*
13. *Trèz*
14. *Katoz*
15. *Kenz*
16. *Sèz*
17. *Disèt*
18. *Dizwit*
19. *Diznèf*
20. Ven

21. Ventenyen
22. Vende
23. Ventwa
24. Venkat
25. Vensenk
26. Vensis
27. Vensèt
28. Ventwit
29. Ventnèf
30. Trant
40. Karant
50. Senkant
60. Swasant
70. Swasandis
80. Katreven
90. Katrevendis
100.   San
1000.   Mil

Números Ordinales
Premye
Dezyèm
Twazyèm
Katryèm
Senkyèm
Sizyèm
Setyèm
Wityèm
Nevyèm

Dizyèm
Denyè

La Practica Hace Al Maestro

1. Traduzca el español las siguientes oraciones
a. Eske ou se zanmi mwen?
b. Jan se yon jadinye
c. Mwen se yon pwòfese
d. Se dominiken mwen ye
2. Coloque el articulo correspondiente a cada palabra según su terminación

a. Let _____   e. Liv _____
b. Chanm _____   f. Kaye _____
c. Ri _____   g. Fey
d. Chyen _____

3. Ponga el plural a las siguientes palabras

a. Poul _____   d. Vèb _____
b. Kochon _____   e. Pòt _____
c. Bèf _____   f. Tab _____

⬛ Cultura e Historia[5]

Economía

Haití tiene la renta per cápita más baja de todo el hemisferio occidental, es decir, que puede considerarse el país más pobre de toda América. Los indicadores sociales y económicos colocan a Haití en puestos descendentes detrás de otros países en vías en desarrollo de bajos ingresos (particularmente en el hemisferio) desde los años 80. Haití está en la posición 150 de 177 países en el Índice de Desarrollo Humano de la ONU.

[5]www.wikipedia.com

Aproximadamente un 70% de la población vive en la pobreza.17 Cerca del 70% de los haitianos depende de la agricultura, que consiste principalmente de agricultura de subsistencia a pequeña escala y emplea cerca de las dos terceras partes de la población económicamente activa. El país ha tenido muy pocos puestos nuevos de trabajo desde que el Presidente René Préval tomó posesión en febrero de 2006, aunque la economía informal está en crecimiento. El fracaso en el intento de lograr acuerdos con patrocinadores internacionales han impedido que Haití obtenga asistencia para un presupuesto y programas de desarrollo.

Tres cuartas partes del territorio haitiano está constituido por suelo montañosos y las llanuras están formadas por tierras deforestadas y actualmente estériles. La causa principal del empobrecimiento del territorio es la explotación forestal excesiva por una población que cada vez aumenta su demanda de leña y madera, lo que ha provocado la erosión del suelo y una tremenda escasez de agua potable. Esta situación contrasta con la de la vecina República Dominicana que un clima similar y unas condiciones de partida similares, tuvo una política forestal adecuada y actualmente tiene una cubierta vegetal sostenible.

Un factor extra que podría hacer que la economía no mejore es la falta de empuje por parte de los profesionales, pues se cree que un 80% de los haitianos con niveles educativos elevados han emigrado en busca de otras alternativas promoviendo la fuga de cerebros. También es importante señalar la fuerte emigración ilegal hacia la Republica Dominicana a través de la frontera. Aunque su carácter informal no permite un cálculo preciso, la población inmigrante haitiana en la vecina se estima en más de un millón de personas.

Los puertos más importantes para el intercambio comercial son: Port-au-Prince, Gonaïves y Cap Haitien. El Puerto Privado de Gonaïves es particularmente apto para buques de hasta 6 m. de calado.

Haití recibe anualmente cooperación y ayuda humanitaria de países desarrollados tanto de América como de otras partes del mundo, siendo de importancia mencionar a Estados Unidos (mediante el programa de la USAID), Canadá, Argentina, Brasil, Chile, Reino Unido y Colombia.

Un Poco Más – La Hora

Ki lè li ye?	¿Qué hora es?
Li inè	Es la una
Li de zè	Son las 2:00
Li de zè ven	Son las dos y vente
Li midi	Es medio día
Li minwi	Es media noche
Li twa zè mwen ven	Son las tres menos vente

Li senk è edmi	Son las 5:30
A sizè, mwen te kontan contento	A las seis yo estaba
A dizè mwen te tris triste	A las diez yo estaba

Descripciones Comunes

Bon	Bueno
Kontan	Contento
Entelijan	Inteligente
Travayè	Trabajador
Jenn	Joven
Bèl	Bonito
Rekonesan	Agradecido
Rich	Rico
Piti	Chiquito
Kout	Corto
Mèg	Flaco
Move	Malo
Tris	Triste
Sòt	Bruto
Parese	Vago / Holgazán
Granmoun	Adulto
Lèd	Feo
Engra	Mal agradecido
Pòv	Pobre
Gwo	Grande
Long	Largo
Gra	Gordo

Versiculo Biblico
1 Tesalonisyen 5:16-17
Se pou kè nou toujou kontan.
Pa janm sispann lapriyè.

Nan Restoran – En El Restaurante

En esta unidad usted aprenderá

- Como cenar fuera
- Como celebrar un aniversario
- Usar las comparaciones, imperativo, formas interrogativas

Dialogo Uno

Ti-monolog:

Mwen ta renmen ale soupe nan yon restoran jodi-a avèk madanm mwen. Mwen dwe chwazi yon bel restoran pou m fè-l plezi pou anivese li... restoran « la fuerza » pi bel pase restoran "Fantasia", men restoran "potencia" tankou restoran "La Fuerza"...

ring ... ring... ring... ring..

Kliyan: eske se restoran "potencia"?

Gason: wi, mesyè. Kijan m ka ede-w?

Kliyan: mwen ta renmen rezève yon tab pou de moun...

Gason: dakò, a kilè w vle-l, mesyè?

Kliyan: a 8ᵉ silvouple... se yon okasyon espesyal, rezève osi yon boutey diven ak yon gato…

Gason: dakò mesyè. Eske ou ta renmen nou chante bon anivese?

Kliyan: men, wi, wi... mèsi anpil…

Mari: Cheri, nou pral sòti aswe-a, mwen gen yon aktivite espesyal e mwen ta renmen ou avè-m

Madanm: dakò… kisa pou m mete? kijan de aktivite sa-a ye?

Mari: se yon aktivite fomel…ann ale madanm, mwen fek rele yon taxi…

Kèk minit aprè nan restoran…

Gason: byenvini nan restoran "potencia". Eske n gen yon resèvasyon?

Kliyan : wi, mwen se mesyè Yeral…

Gason: mèsi mesyè… swiv mwen, eske nou ta renmen bwe kèk bagay…

Kliyan: pote yon boutey diven silvouple, pi bon diven lakay

Madanm: si m te konnen sa, mwen tap abiye depi maten….

Mari: bon anivese cheri…

Madanm: mèsi paske w pat bliye-m, se enkwayab, mwen pa gen mo…

Palabras claves de la conversación
Soupe – Cenar

Restoran -	Restaurante
Chwazi -	Escoger
Plezi -	Placer (complacer a alguien)
Anivesè* -	Aniversario / cumpleanos
Pi bel pase -	mas lindo (bello, hermoso) que
Tankou -	como
Tab -	mesa
A kilè -	a que hora
Oksayon -	ocasión
Espesyal -	especial
Osi* -	también
Boutey diven –	botella de vino
Gato –	regalo / bizcocho
Chante -	cantar
Bon anivese -	feliz aniversario / feliz cumpleanos
Aswe-a –	esta noche
Aktivite -	actividad
Fomal -	formal
An-n ale -	vamos / vamonos
Fèk –	reciente
Byenvini -	bienvenidos
Swiv mwen –	siganme / sigueme
Meni -	menu
Kèk bagay –	alguna cosa / algo
Pi bon diven -	el mejor vino
Abiye -	vestir
Depi -	desde
Cheri –	querido (a)
Enkwayab –	increíble

*Anivesè – aniversario o cumpleaños. En Creole se usa esta palabra tanto para indicar un aniversario como tambien un cumpleaños.

Osi – tambien. Usted puede dicir Tou para indicar

la misma acción de Tambien.

Dialogo Dos

Ajan: Bonjou mesyè danm…

Kliyan: bonjou… ki kote depatman soulye-a ye, silvouple?

Ajan: li nan dezyèm etaj

Kliyan: mèsi, jenn nom

Ajan: eske nap chache soulye gason ou soulye fanm?

Kliyan: ni youn ni lot, nap chache soulye pou timoun?

Ajan: ki laj timoun yo ye?

Kliyan: yon gen 9 an e lòt-la 7 an.

Ajan: yon gason ak yon fi…?

Kliyan: non, de ti fi

Ajan: ki nimewo soulye yo ye, silvouple?

Kliyan: nimewo kat ak sèt…

Ajan: dakò, mèsi. Ki kalite soulye nap chache?

Kliyan: soulye pou lekòl

Ajan: mesi, men… soulye yo… yo bèl, se vrè! Kilès nou renmen plis, sila-a oubyen sa laba-a?

Kliyan: sa laba-a…

Palabras claves de la conversación

Depatman –	departamento
Soulye –	zapato / calzado
Dezyèm -	segundo
De pè –	dos pares
Ki laj –	que edad*
Ni yon ni lòt –	ni el uno ni el otro
Lòt –	otro
De fi-yo –	dos niñas
Lekòl -	escuela
Kilès -	cual
Sila-a –	este / esto / esta
Sa laba-a –	ese / esa / eso

* Ki laj – que edad. Usted tambien puede preguntar Konbyen danè ou genyen? Que liretalmente significa, ¿cuántos anos tiene usted?

Notas Gramaticales

Comparación
El comparativo se forma usando las partículas "PI...PASE..."

Li gran	El es grande
Li pi gran	El es mas grande.
Li gran anpil	El es muy grande
Li trè gran	El es muy grande
Pi...Pase	**Mas...Que**

Pi…Pase	**Menos…Que**
Tankou	Tan…Como
Pa…Tankou	No Tan… Como

Ejemplos:

Li pi vye pase frè li   El es más Viejo que su hermano o El es menos Viejo que su hermano.

Li pi lèd pase sè li.   Ella es menos hermosa que su hermana o Ellas es más fea que su hermana

Li brav tankou yon lyon   Ella es tan brava como un Leon

Adjetivos

Estos no requieren de ningún verbo.

Malad	Enfermo
Mwen malad	Yo estoy enfermo
Nou malad	Nosotros estamos enfermos

Adverbios

Para formar la terminación que nosotros conocemos como Mente, usamos la particula "MAN"

Konplèt	Completo (todo)
konplètman	Completamente

Para formar la voz Hay, del verbo haber en kreyol se usa el verbo Genyen o Gen.

Gen dlo nan canari-a.	Hay agua en la tinaja.
Gen mango nan panye-a.	Hay mangos en la

cesta

Imperativo
El imperativo se forma usando el verbo cuando se habla directamente a la persona o usando la particula "ANNOU o ANN".

Pale   Habla / Hable
Annou (ann) pale   Hablemos / hablen
Kite m pale   Déjame hablar, déjeme hablar, permítame hablar

Acción recientemente completada
Fek   Ahora mismo. Se usa para indicar que una acción ha sido realizada hace pocos minutos.

Mwen fek sòt manje   Acabo de comer, ahora mismo comí
Mwen tap chache W. Men m Fek rive.
Te estaba buscando, si acabo de llegar

Pasado Progresivo
Este tiempo se forma agregando la partícula "TAP" al nombre o pronombre.

Mwen tap   Pale   Yo estaba hablando
Ou   tap Pale   Tu estabas hablando
Li   tap Pale   El/ella estaba hablando
Nou   tap Pale   Nosotros estábamos hablando / Ustedes estaban hablando

Lè-l te rive mwen tap pale avèk fre-l Cuando ella llegó, yo estaba hablando con su hermano

Pronombres Demostrativos

| Sa a | Ese, Esa, Eso | O | Este, Esta, Esto |
| Sa yo | Esos, Esas | O | Estos, Estas |

En caso de querer hacer una diferencia entre, Este, Esto, Esta y Estos, Estas, se deberá usar como sigue:

| Sila a | Este, Esto, Esta |
| Sila yo | Estos, Estas |

Si queremos hablar de algo que se encuentra distante de nosotros, entonces se debe usar:

Sa laba a   Ese, Esa, Eso O   Este, Esta, Esto de allá

Sa laba yo   Esos, Esas   O   Estos, Estas de allá

Yon chyen	Un perros
Chyen an	El perro
Chyen sa a	Ese perro, este perro
Chyen sila a	Este perro (no ese)
Chyen laba a	Ese perro de allá
Chyen yo	Los perros
Chyen sa yo	Esos (estos) perros
Chyen sila yo	Estos perros (no esos)
Chyen laba yo	Esos perros de allá
M wè chyen sa a	Veo ese (este) perro
M wè sa a.	Lo veo (ese)

La Practica Hace Al Maestro

1. Traduzca el siguiente párrafo al Creole

Hoy pasamos un día muy mal en el trabajo, porque se daño la planta eléctrica, cuando le informe a mi jefe del problema con la planta me hablo mal; pero yo no tenía la culpa de nada...

No entiendo como las personas no saben actuar correctamente en situaciones difíciles, yo siempre actuó como se debe, por ejemplo; el mes pasado yo estaba a cargo del trabajo, era un día muy pesado, con mucho trabajo y como mi jefe no estaba presente yo era el jefe en esos momentos; bueno, se me daño la planta eléctrica, y el técnico estaba en su hora de almuerzo, yo tenía la responsabilidad de resolver la situación, entonces hice lo que un jefe tenía que hacer en un caso así "me fui a mi casa..."

Cultura e Historia[6]
Demografía

Al año 2007 Haití tiene una población de 8.706.497 habitantes. 95 % de los haitianos son principalmente de ascendencia africana y el restante 5 % está compuesto por blancos y mestizos. El idioma oficial es el francés. La esperanza de vida es de 57 años. El promedio de hijos por mujer es de 4,86 (el promedio más alto del continente americano). La tasa de crecimiento poblacional es del 2,45% por año. Tan sólo el 52,9% de la población está alfabetizada. Aunque Haití promedia cerca de 270 personas por kilómetro cuadrado, su población está concentrada más fuertemente en las zonas urbanas, planicies costeras y valles.

---

[6]www.wikipedia.com

El francés es uno de los dos idiomas oficiales, pero es hablado por sólo una parte de la población. Casi todos los haitianos hablan kreyòl (criollo o Creole haitiano), el otro idioma oficial del país. El inglés es hablado entre los jóvenes y en el sector comercial. El español es hablado principalmente en las zonas limítrofes a la República Dominicana.

El catolicismo es la religión profesada por la mayoría. Muchos se han convertido al protestantismo. Y muchos haitianos practican también las tradiciones vudú, sin ningún conflicto con su fe cristiana.

Cultura

La religión principal es la católica, que constituye el 60% de la población haitiana. También hay un grupo de protestantes, que forman la minoría religiosa más importante del país. Otras minorías las forman los animistas. Los practicantes del vudú están en un porcentaje de las religiones anteriormente nombradas. También hay algunos fieles al vudú que la tienen como única creencia.

La educación es gratuita y obligatoria para niños de 6 hasta 12 años, sin embargo al país le faltan instalaciones adecuadas y hay muchos infantes que no acuden a la escuela.

Como manifestaciones de música popular podemos mencionar al rará y al kompa, este último mal llamado a veces merengue haitiano. Estas manifestaciones musicales son cantadas generalmente en criollo. El gaga es interpretado con regularidad en las festividades de semana santa en los asentamientos de haitianos en los bateyes de los campos cañeros de la vecina República

Dominicana.

La cultura es muy rica en tradiciones, y muchas de las costumbres, al ser los haitianos descendientes de esclavos traídos de África, todavía las conservan. Es muy común ver por las calles haitianas a mujeres llevando elementos de todo tipo sobre sus cabezas como se ve en África. Sus artesanos son muy buenos en materiales tales como la herrería, trabajos con madera desde pequeños elementos hasta muebles hechos totalmente a mano.

Deportes

La Liga Haitiana es la Primera división de Haití dirigida por la Federación Haitiana de Fútbol, esta fue creada en 1937.

La Selección de fútbol de Haití es el representativo nacional de este país. Es controlada por el Federación Haitiana de Fútbol, perteneciente a la CONCACAF.

La selección de Haití ha sido una de las pocas representantes de las islas del Caribe en la Copa Mundial de Fútbol, junto con Cuba, Jamaica y recientemente Trinidad y Tobago.

Haití es, quizás, el único país caribeño donde el deporte principal es el fútbol.

Un Poco Más – Formas Interrogativas

Kimoun / Kiyès	¿Quién?
Kikote	¿Dónde?
Kilè	¿Cúando?
Kisa	¿Qué?
Kijan	¿Cómo?
Kiles	¿Cúal?

Poukisa   ¿Por qué?
Konbyen   ¿Cúanto?

•Kimoun (kiyès)

Kimoun ki la (kiyès ki la)?   ¿Quién esta ahí?
Se Yeral   Es Yeral

Kiyès ki te di ou sa?   ¿Quién te dijo eso?
Se Alba ki te di m sa   Fue Alba que me lo dijo

•Kilè

Kilè ke ou te wè Tiffany?   ¿Cúando viste a Tiffany?
 Mwen te wè l yè maten   Yo la vi ayer por la manana

•Kijan (Kouman)

Kijan ou yè?   ¿Cómo estas?
Mwen byen mèsi   Yo estoy bien, gracias

•Poukisa

Poukisa ou pati jodia?   ¿Por qué te vas hoy?
Mwen pati jodia paske mwen gen anpil travay
Me voy porque tengo mucho trabajo hoy
Nota: Paske se usa solamente para responder a una pregunta.

•Ki kote

Ki kote ke ou abite?   ¿Dónde vives? Mwen abite Pari   Vivo en parís

•Kisa

Kisa ou vle?   ¿Qué quieres?
Mwen pa vle anyen   No quiero nada

•Kilès

Kilès nan liv sa yo ki pi chè? ¿Cúal libro es mas caro?

Se liv sa a ki pi chè   Este es mas caro

•Konbyen

Konbyen lajan (kob) sa-a koute?   ¿Cúanto cuesta eso?

Sa-a koute 10 goud Eso cuesta 10 Goud

Versiculo Biblico

Travay 1:11

Dezòm yo di yo: Nou menm, moun Galile, poukisa nou rete la ap gade syèl la konsa? Jezi sa a ki fèk sot nan mitan nou an pou moute nan syèl la, li gen pou l' tounen menm jan nou wè l' moute nan syèl la.

Twa Komantè Yo – Tres Comentarios
En esta unidad usted aprenderá
- Conocer un poco de una zona en Haití
- Conocer el sistema escolar de Haití
- Como pasar el fin de año
Nan leson sa-a ou pral jwenn twa konvesasyon ak vokabile pou w konprann konvesasyon yo.

Zòn Fò Jak – Zona del Fuerte Jack

Fò Jak se yon seksyon ki nan komen petyon vil. Nou ka di selon sa ki ekri ke zòn sa a pote non youn nan gran zanzèt nou yo, ki te goumen pou bay peyi a libète pou l te retire l nan lesklavaj blan fransè. Nan zòn sa a li fè fre anpil, se yon nan zòn ki bay anpil legim nan peyi-a. Nan Fò Jak nou genyen de lyè istorik ke ansyen yo te mouri kite pou nou; non yo se "Fò Aleksand e Fò Jak"

Nan Fò Jak pa gen anpil moun, tout moun ki nan zòn nan se pitit tè-a yo ye. Se youn nan zòn kote moun yo sivilize anpil. Tout timoun ale lekòl paske paran yo fè anpil efò ak pitit yo. Nan Fò Jak nou pa gen anpil lopital, nou genyen sèlman 2 ak yon dispansè pou bay moun yo premyè swen. Nou gen plizyè lekòl ak anpil lòt ankò.

Nan Fò Jak nou genyen 2 jou nan senmen nan pou moun yo nan mache, se madi ak vandredi, fòk nou pa bliye nan Fò Jak moun yo travay latè anpil, anpil nan lòt moun yo genyen ki fè travay konstriksyon, depi lendi pou rive jouk samdi vè midi. Depi samdi apre midi moun yo komanse rejwi, youn ak lòt, tankou anpil ladan yo ale nan sinema, genyen ki ale nan gagè (kote yo bat kòk), genyen ki ale sou plas kote yo ka rakontre ak ti menaj yo. Nou ka di nan zòn sa a moun yo ini oubyen yo gen tèt ansanm pou yo ka fè pwòp devlopman nan zòn nan.

Fleurissaint Michelet

Palabras claves del comentario
Zanzèt – ancestros
Legim – legumbres
Lye Istorik – lugar histórico
Paran – padres
Efò – esfuerzo
Dispansè – dispensario
Gagè – gallera

Lekòl Ayisyen – La escuela haitiana
Ayiti menm jan ak tout lòt peyi devlope oubyen sou devlope, itilize lekòl kòm sèl sous

ki garanti yon bon fiti pou chak jenn ayisyen ki gen lonbrik yo koupe sou ti moso lil sa-a. Nan tan lontan lekòl-la te divize an de pati, primè ak sekondè. Nan primè pitit ti ayisyen dwe fè 9 anè e nan sekondè 7 anè ki fè yon total 16 anè ; avèk modènizasyon tan, Ayiti kenbe menm systèm nan sou yon lòt fòm 3 anè kindergarden, 6 anè primè e 7 anè sekondè. Sa ki toujou parèt difisil pou pèp sa-a, se twa klas.

Sètifika etid prime e bakaloreya etid sekondè, si timoun nan pa etidye anpil li p'ap pase e yo ka kenbe l pou plizyè anè nan yon sèl klas (sètifika oubyen bakaloreya), gen elèv ki konn pase plis ke 7 anè nan bakaloreya, se pou sa yo toujou di ke edikasyon ayisyen an di anpil. Anplis lè yo reysi bay kèk elèv chans yo, elèv sa-yo apre resilta dwe rapidman rantre nan yon lòt klas ki rele ratrapaj pou l ka al patisipe nan konkou admisyon nan fakiltè leta-yo. Men yo dwe peye 500 goud pou enskripyon e fakiltè sa-a k'ap kenbe 7 mil elèv anviron, men yon enskri 15 mil e si w gen yon zanmi ou k'ap rantre san pwoblèm. Se sak fè edikasyon an Ayiti se trè difisil e ki fòme moun byen e-l fè etidyan yo ogèye anpil.

Donk, jodi-a 50% etidyan ayisyen ap etidye nan peyi etranje pou pote chanjman nan system edikasyon sa-a k'ap fini ak tout ayisyen an jeneral.

Lazard Medilien

Palabras claves del comentario

Lonbrik – ombligo / cordon umbilical
Ti moso lil – pequeño trozo de isla
Sètifika (etid prime) – estudios primarios
Bakaloreya (etid sekondè) - estudios secundarios
Elèv - alumno
Anplis – ademas
Reysi – lograr
Ratrapaj – reenforzamiento
Konkou – concurso / proceso
Ogèye - orgulloso
Donk – por lo tanto
Chanjman – cambio

Fen anè an Ayiti – Fin de año en Haiti

Menm jan ak tout lòt peyi nan monn nan an Ayiti nou selebre fen anè nou tou, kòm nou konnen ke mwa desanm se yon mwa kote gen anpil mobilizasyon, moun pa travay tankou jou senk desanm ke nou konnen ke Kritof Kolon te dekoubri Ayiti. Apre sa nou gen jou ki vennkat desanm, ki se yon jou espesyal kote tout moun mobilize pou pase nwit sa-a avèk fanmi-yo, gen moun nan jou sa-a ki ale nan kèmès, genyen ki ale kay lòt zanmi pou jwe domino ak kazino epi bwe ansanm, manje e yo kapab tou pwofite pale pou tout tan yo pat janm we. Apre sa nou genyen jou tranteen desanm pou rive premyè janvye.

Gen moun ki pase nwit la deyò, genyen ki ale legliz pou priye, genyen ki ale nan disko, ale sou plas piblik, jwe domino ak kazino, gen anpil lòt ki rete lakay yo paske yo pa renmen melanje nan zafè moun.

Nan denyè jou nan anè anpil moun ale an deyò lakay pou yo al we fanmi yo, depi nan mitan lannwit 31 desanm tout moun mete gwo chodyè soup yo sou dife pou jouk li fè klè nan maten, nan jou sa-a tout moun bwe soup joumou lakay paske se sa-a ansyen yo te konn fè nan jou sa-a, epi mache we youn lòt pou swete l yon bòn anè. Nan denyè jou sa yo moun gaspiye anpil lajan pou chanje bagay lakay yo, achte kado pou pitit yo ak anpil nan fanmi an…

Fleurissaint Michelet

Palabras claves del comentario

Mobilizasyon - movimiento
Kèmès -   quermes
Kazino –   cartas / barajas
Pwofite -   aprovechar
Deyò -   fuera
Priye –   orar
Disko –   discoteca
Chodyè soup – caldero de sopa
Dife -   fuego

soup joumou – sopa De Hauyama
Swete – desear
Lajan – dinero

Un Poco Más - Vocabulario

Anpil	Mucho
Plizyè	Varios
Enpe/ Yon ti kras	Un poco
Sèlman	Solamente
Sèl	Solo
Anyen	Nada
Nenpot Kimoun	Cualquiera
Tout	Todo (s) Varios
Kèk	Algún (o, a)
Ase	Suficiente
Chak	Cada
Trè	Muy
Okenn moun	Nadie
Yon Moun	Alguien

Versiculo Biblico

Ebrè 4:12

Pawòl Bondye a gen lavi, li gen pouvwa. Li pi file pase kouto de bò. Li koupe jouk li jwenn kote nanm ak lespri moun fè yonn, jouk kote vyann ak mwèl zo kontre. Li jije tout santiman ak tout lide ki nan kè moun.

Kat Atik Espesyal Yo – Cuatro Articulos Especiales

En esta unidad usted aprenderá

- Como predicar sobre el perdón
- Como aceptar a Jesús en su vida
- Conocer el plan de salvación para su vida
  Nan leson sa-a nou genyen kat atik sou Bondyè. Ministè Gotquestions.org te ban nou otorisasyon pou nou itilize atik sa yo nan liv-la. Se pou laglwa Bondyè nou mete seksyon sa-a, e pou chak noun ki rive nan finisman kou sa-a ka jwenn yon gwo benediksyon Bondyè.

ATIK EN

Kesyon : Ou te jwenn padon? Kòman m' kapab resevwa padon nan men Bondyè?

Repons : Travay 13 :38 deklare, pakonsekan, Frè-m yo nou fèt pou nou konn sa byen : Bondyè voye Jezi fè nou konnen l'ap padonnen tout peche nou yo.

Kisa padon an ye e poukisa mwen bezwen li?

Mò "padonnen » vle di netwaye pwòp yon

metal, padonnen, anile yon dèt. Lè nou abize frè-n, n'ap chache yon padon nan fason pou restore relasyon nou. Padon se pa fè konsesyon paske moun merite padon. Pèsonn pat merite padon. Padon se yon ak lanmou, mizèrikòd e gras. Padon se yon desizyon ki pa kenbe anyen kont yon lòt moun. Malgre tout sa-l te fè-w ki mal.

Bib-la di nou, nou tout bezwen padon nan men Bondyè. Nou tout fè peche. Eklezyas 7:20 konfime « pa gen moun k'ap mache dwat sou latè ki ka di tou sa l'ap fè byen, li pa janm fè sa ki mal » 1 Jan 1 :8 di « si nou di nou pa gen peche, se tèt nou n'ap twonpe. Veritè-a pa nan nou » « Lave-m, foubi-m pou wete fòt mwen fè-a paske se kont ou menm menm mwen pechè » (Sòm 51 :4). Kòm rezilta, nou bezwen padon Bondyè nan desespwa nou yo. Si peche nou yo pa padonnen, nou pral pase tout etenitè nou nan yon soufrans kòm konsekans peche-n yo. (Matye 25:46; Jan 3:36).

Padon – Kòman m' ka jwenn li ?

Nou ba-l remèsiman paske-l, se yon Bondyè damou e ki gen kè sansib – Li toujou gen dezi pou padonnen nou de peche nou yo ! 2 Pyè 3 :9 di nou « Senyè-a pa pran twòp reta pou kenbe pwomès li yo, jan kèk moun kwè-sa. okontrè, se pasyans l'ap pran ak nou, paske li pa ta renmen pou pèsonn peri, li ta vle pou tout moun tounen vin jwenn li » Bondyè vle padonnen nou, donk li kenbe nou ak padon Li.

Sèl sanksyon jis pou peche nou yo se lanmò. Premyè mwatye liv Women an: 6:23 deklare " Salè peche-a se lanmò" Lanmò Etènel se sa nou jwenn pou peche nou yo. Bondyè, nan plan pafèt li, li te devni moun, pou viv nan mitan nou (Jan 1:1, 14). Jezi te mouri sou lakwa, li te pran pèn ke nou te merite-a ki se lanmò. 2 Korentyen 5 :21 ansenye nou « Kris-la pat janm fè okenn peche, men Bondyè fè-l pran sò nou sou li, yo trete-l tankou yon moun ki te fè peche. Konsa, lè nou fè yon sèl kò ak Kris-la, Bondyè fè nou gras. Jezi mouri sou kwa-a, li pran pinisyon ke-n te merite-a! kòm Bondyè, lanmò Jezi-a founi padon pou peche lemonn antyè. 1 Jan 2 :2 pwoklame " paske Jezi te ofri tèt li tankou bèt yo ofri bay Bondyè, pou Bondyè te ka padonnen peche nou yo, pa peche nou yo ase, men peche tout moun tou » Jezi leve sòti vivan nan lanmò ; li pwoklame viktwa sou peche ak lanmò, (1 Korentyen 15 :1-28). Louanj pou Bondyè atravè lanmò e rezireksyon Jezikri, dezyèm mwatye liv Women 6 :23 li vrè « Men kado Bondyè se lavi etènel atravè Jezikri Senyè nou-an ».

Eske-w vle jwenn padon pou peche-w yo ? Eske-w gen santiman chaje de fòt ki parèt difisil pou-w pote-l ale? Padon peche-w yo disponib si-w mete konfyans ou nan Jezikri kòm sovè-w. Efesyen 1:7 di "Grenmesi Kris ki mouri pou nou an, nou delivre, nou resevwa padon pou peche nou yo. Bondyè fè nou wè jan li renmen nou anpil. Bondyè te peye dèt nou yo pou nou, konsa, nou kapab podonnen tout sa-w dwe fè se mande Bondyè pou padonnen-w atravè Jezi, kwè ke Jezi te mouri pou peye pou padon e li pral padonnen-w! Jan 3 :16-17 pote yon mesay mèvèye "Paske Bondyè sitèlman renmen lèzòm li bay sèl pitit li-a pou yo. Tout moun ki va mete konfyans yo nan li p'ap pèdi lavi yo. Okontrè y'a gen lavi ki p'ap janm fini an. Bondyè pa voye pitit li-a sou latè pou kondane lèzòm men pito pou l te kapab delivre yo ».

Padon – Eske-l reyèlman fasil?

Wi, se fasil ! Ou pa kap ganyen padon nan Bondyè. Ou pa kap peye padon-ou nan Bondyè. , atravè gras e mizèrikòd Bondyè. Si ou vle asepte Jezikri kòm sovè-w e resevwa padon nan Bondyè. Men priyè ou kapab priye. Di priyè sa ou nenpòt lòt priyè p'ap ka sovè-w. Se sèlman kwè nan Jezikri ki kapab founi padon peche-w yo. Priyè sa se senpleman yon fason pou pale ak Bondyè, mete lafwa nan li e remèsyè-l pou pwovisyon padon sa-a ke-l fè pou nou.

« Bondyè, mwen konnen mwen peche kont ou e-m merite kondanasyon. Men Jezikri te pran kondanasyon kem te merite donk atravè lafwa nan li, m' kapab padonnen. Mwen mete konfyans nan ou pou sovè-m. Mèsi pou gras ak padon mèvèye ou yo! Amèn.

Palabras claves del articulo

Pakonsekan – tanto	por consiguiente / por lo
Peche -	pecad
Netwaye -	limpiar
Pwòp -	limpio
Dèt -	deuda
Pèsonn -	nadie
Mizèrikòd-	misericordia
Gras -	gracia
Twonpe -	engañar
Foubi -	restregar (lavar)
Desespwa –	desesperanza –
desesperacion	
Etenitè -	eternidad
Soufrans -	sufrimiento
Pwomès -	promesa
Peri -	perecer
Lanmò –	muerte
Lakwa –	la cruz
Pèn –	pena / falta
Pinisyon -	castigo
Founi -	proveer
Lafwa -	fe
Mèvèye –	maravilla / maravilloso

ATIK DE 🔒

Kesyon : Kisa sa vle di asepte Jezi kòm sovè pèsonel ou?

Repons : Ou te asepte Jezikri kòm sovè pèsonel ou ? Ou konprann kesyon sa-a korèteman, ou dwe premyèman konprann tèm « Jezikri » « pèsonel » « sovè »

Kimoun Jezikri ye ? Anpil moun admèt Jezikri kòm yon bon moun, yon gran mèt, ou egal ak yon pwofèt Bondyè. Bagay sa-a yo di de Jezi-a definitivman vrè, men yo p'at defini antyèman kimoun vrèman li ye. Bib-la di nou ke Jezi se Bondyè nan lachè, li se Bondyè nan fòm moun (an wè Jan 1 :1-14). Bondyè te vinn sou latè pou anseye nou, geri nou, korije nou, padonnen nou e mouri pou nou ! Jezikri se Bondyè kreyatè-a, souveren Senyè-a, eske-w asepte Jezi sa-a ?

Kisa yon sovè ye, e poukisa mwen bezwen yon sovè? Bib-la di nou ke nou tout fè peche ; nou tout komèt aksyon movèz (Women 3 :10-18). Kòm yon rezilta de peche-n yo, nou merite kolè ak jijman Bondyè. Inik chatiman jis pou peche nou komèt yo kont Bondyè enfini se yon chatiman enfini. (Women 6 :23 ; Revelasyon

20 :11-15). Se pou tèt sa nou bezwen yon sovè.

Jezikri te vini sou latè e-l te mouri nan plas nou. Lanmò Jezi-a te peye dèt peche nou pou toutan. (2 Kontentyen 5 :21). Jezi te mouri pou peye fòt peche nou yo. (Women 5 :8). Jezi te peye pri-a donk nou pa dwè anyen. Leve sòti vivan nan lanmò-a pwouve ke lanmò te sifi pou peye fòt peche nou yo. Se poutèt sa Jezi se yon sèl e inik sovè. (Jan 14 :6, Travay 4 :12). Eske-w kwè nan Jezi kòm sovè-w ?

Eske Jezi se sovè « pèsonel » ou ? Anpil moun wè kretyèntè kòm asiste legliz; egzekite rit seremonyal, e komèt kèk peche ou pa komèt kèk peche. Sa se pa kretyèntè-a ; se yon relasyon pèsonel avek Jezikri. Asepte Jezi kòm sovè pèsonel ou vle di mete pwòp konfyans ou e kwè nan li. Pa gen okenn moun ki ka sove avek lafwa lòt moun. Pa gen okenn moun ki ka fe padonnen poutèt kèk zèv li fè. Linik mwayen pou-w sove se asepte pèsonèlman Jezi kòm sovè-w, kwè nan lanmò-l kòm peyman dèt peche nou yo e leve sòti vivan nan lanmò-l la kòm garanti lavi etènel-la. (Jan 3:16). Eske pèsonèlman Jezi se sovè-w ?

Si ou vle asepte Jezikri kóm sovè pèsonel ou, di pawòl sa yo ak Bondyè. Sonje, di priyè sa-a ou nenpòt lòt priyè p'ap ka sove-w. Sèlman kwè nan Jezikri e denyè zèv sou lakwa kapab sove-w nan peche. Priyè se senpleman yon mwayen pou esprime konfyans ou nan Bondyè e remèsyè-l pou pwovisyon Sali-a li ba ou. Bondyè, mwen konnen ke-m peche kont ou e-m merite chatiman. Men mwen kwè Jezikri te pran chatiman-m te merite-a, donk atravè konfyans nan li, mwen kapab jwenn padon. Mwen resevwa padon-w ofri-m nan e-m mete konfyans mwen nan ou pou sove-m. Mwen asepte jezi kòm sove pèsonel mwen ! Mesi pou gras ak padon mèvèye-w la, kado lavi ki p'ap janm fini-an! Amèn.

Palabras claves del artículo

Sovè pèsonel –	Salvador personal
Tèm –	termino
Lachè -	carne
Geri -	sanar
Kolè –	ira
Jijman –	juicio
Kretyèntè -	cristianismo
Rit seremonyal –	rito ceremonial
Zèv -	obra
Peyman –	pago

ATIK TWA

Kesyon : Kisa plan Sali-a ye / chenmen Sali-a?

Repons : Eske-w grangou? Se pa grangou

fizik, men eske-w gen yon grangou de kèk bagay anplis nan vi sa-a? Eske genyen bagay nan ou menm ki pwofon ki sanble pajanm satisfè? Si se sa, Jezi se chenmen-an ! Jezi te di « Mwen se pen ki bay lavi-a, moun ki vinn jwenn mwen p'ap janm grangou. Moun ki kwè nan mwen p'ap janm swaf" (Jan 6:35).

Eske-w nan konfisyon ? Sanble ou pa jam kapab jwenn yon chenmen ou yon objektif nan lavi-w ? Sanble yon moun etènn limyè yo e ou pa kapab jwenn switch-la? Si se sa, Jezi se chenmen an! Jezi te pwoklame : Se mwen menm ki limyè k'ap klere monn-lan e moun ki swiv mwen va gen limyè ki bay lavi-a. Yo p'ap janm mache nan fènwa.

Eske-w pa janm santi kóm si yo te fènmen pòt lavi-w? Eske-w te eseye plizyè pòt, sèlman pou jwenn sa ki kache dèyè yo ki vid e san sans? Eske w'ap chache yon antre nan yon lavi konplèt? Si se sa, Jezi se chenmen-an ! Li deklare : Mwen se pòt-la, moun ki pase nan mwen pou antre, l'a sovè. L'a antre, l'a sòti, l'a jwenn manje pou'l manje. (Jan 10:9).

Eske moun toujou meprize-w? Eske lyen parantal ou vinn desann e vid? Eske sanble gen moun k'ap eseye pran avantaj sou-w? Si se sa, Jezi se chenmen-an! Li te di: Se mwen menm ki bon bèje-a, mwen konnen mouton-m yo e mounton-m yo konnen mwen. (Jan 10:11,14).

Eske ou mande sa k-ap rive apre vi sa-a? Eske ou fatige viv lavi-w pou bagay k-ap pouri ou k-ap fini ? Eske ou pafwa doute si lavi-a genyen kèk siyifikasyon? Eske ou vle viv apre ou fin mouri? Si se sa, Jezi se chenmen-an ! Li deklare : Se mwen menm ki leve moun mouri yo, se mwen menm menm ki bay lavi. Moun ki mete konfyans yo nan mwen, yo gen pou yo viv menm si yo rive mouri. Moun k'ap viv, epi ki mete konfyans yo nan mwen, yo p'ap janm mouri. Eske ou kwè sa? (Jan 11:25-26).

Kisa chenmen-an ye? Kisa veritè-a ye? Kisa lavi-a ye? Jezi te reponn "Se mwen menm menm ki chenmen-an, se mwem menm menm ki verite-a, se mwen menm menm ki lavi-a., pèsonn pa ka al jwenn Papa-a si li pa pase nan mwenm" (Jan 14:6).

Grangou ou santi-a, se yon grangou espirityèl e ki kapab satisfè pa Jezi sèlman. Jezi se sèl moun ki kapab retire-w nan fènwa. Jezi se pòt-la pou yon vi ki satisfè. Jezikri se zanmi e bèje ke ou t'ap chache-a. Jezi se lavi-a nan monn sa-a ak sa k'ap vini-an. Jezi se chenmen Sali-a !

Rezon ki fè ou santi grangou-a, rezon ki fè ou sanble pèdi nan fènwa-a, rezon ki fè ou pa ka jwenn siyifikasyon nan vi-a, se paske ou separe ak Bondyè. Bib-la di ke nou tout fè peche, sepandan ou separe ak Bondyè

(Eklezyas 7 :20 ; Women 3 :23). Vwa ou santi nan kè ou-la, se Bondyè ou manke nan lavi-w. Nou te kreye pou nou te gen yon relasyon avèk Bondyè. Akoz peche nou, nou te separe ak relasyon sa-a. Menm pi mal, peche nou va lakoz nou separe ak Bondyè pou tout letènite nan vi sa-a ak nan vi k-ap vini-an. (Women 6 :23, Jan 3 :36).

Kòuman pwoblèn sa-a te ka rezoud? Jezi se chenmen-an! Jezi te pran peche nou sou li menm menm. (2 Korentyen 5 :21). Jezi te mouri nan plas nou (Women 5:8), li pran chatiman nou te merite-a. Twa jou apre, Jezi leve sòti vivan nan lanmò, li montre viktwa li sou peche ak lanmò (Women 6 :4-5). Poukisa li te fè sa ? Jezi te reponn kesyon-an li menm menm: Pa gen pi bon jan pou ou montre jan ou renmen zanmi ou pase lè ou bay lavi ou pou yo. (Jan 15 :13). Jezi te mouri pou nou te kapab viv. Si nou mete konfyans nou nan li, kwè nan lanmò li kòm li peye pou peche nou, tout peche nou yo padonnen e lave. Alò nou va genyen lavi konplèt. Nou va konnen vrè, pi bon zanmi e bon bèje-a. Nou va konnen ke nou va gen lavi apre nou fin mouri, yon lavi nouvèl nan syèl-la pou letènite ak Jezikri.

« Paske Bondyè sitèlman renmen lèzòm, li bay sèl pitit li-a pou yo. Tout ki va mete konfyans yo nan li p'ap pèdi lavi yo. Okontrè y'a gen lavi ki p'ap janm fini-an» (Jan 3:16).

Palabras claves del artículo

Sali - salvacion

Chenmen - camino

Grangou - hambre

Etènn limyè – apagar la luz

Fènwa - oscuridad

Vid – vacio

Avantaj – ventaja

Bon bèje-a – buen pastor

Mouton – oveja / cordero

Pouri - podrir

Doute - dudar

Rezoud – resolver

ATIK KAT

Kesyon : Mwen fèk sot mete konfyans mwen nan Jezikri…kounye-a kisa?

Repons : Felisitasyon ! Ou pran yon desizyon pou ou chanje lavi ou. Petèt w-ap mande "Kounye-a kisa? Kòuman mwen kapab Kòmanse vwayaj mwen ak Bondyè? » Senk pa ki mansyone anba-a yo va ba ou direksyon nan Bib-la. Lè ou genyen kesyon sou vwayaj ou, sil-vou-plè vizite www.gotquestions.org .

Yeral E. Ogando

1. Asire ou ke w konprann Sali-a.

1 Jan 5 :13 di nou, « m'ap ekri nou lèt sa-a, nou menm ki kwè nan pitit Bondyè-a pou nou ka konnen ke nou gen lavi ki p'ap janm fini-an » Bondyè vle nou konprann Sali-a. Bondyè vle nou genyen asirans ke nou konnen avèk asirans ke nou sove. Nan yon ti tan, ann ale nan pwen klè Sali-.

a. Tout moun fè peche, yo tout vire do bay Bondyè ki gen tout pouvwa-a. (Women 3 :23)

b. Akòz peche nou yo, nou merite pinisyon, separasyon etènel avèk Bondyè (Women 6 :23)

c. Jezi te mouri sou lakwa pou-l peye pou peche nou yo. (Women 5 :8, 2 Korentyen 5 :21)

Jezi mouri nan plas nou, pran chatiman ke nou te merite-a. Rezireksyon li te montre ke lanmò li te sifi pou-l peye pou peche nou yo.

d. Bondyè bay padon ak Sali a tout moun ki mete konfyans yo nan Jezikri, ki kwè nan lanmò li kòm moun ki peye dèt peche nou yo (Jan 3 :16, Women 8 :1, Women 5 :1)

Sa-a se mesaj Sali-a ! Si ou mete konfyans ou nan Jezikri kòm sovè pèsonel ou, w-ap sove !. Tout peche ou yo padonnen, e Bondyè pwomèt pou li pa janm kite ou, oubyen abandonnen-w

114

(Women 8 :38-39 ; Matye 28 :20). Sonje, Sali ou asire nan Jezikri (Jan 10 :28-29). Si ou kwè nan Jezikri kòm sèl sovè-w, ou kapab gen asirans ke ou va pase letènite avèk Bondyè nan syèl-la.

2. Jwenn yon bon legliz k-ap anseye Bib-la.

Piga ou panse legliz-la tankou yon gwo kay. Legliz la se moun yo. Li enpòtan anpil pou kwayan Jezikri yo gen bon relasyon youn ak lòt. Sa-a se youn nan premyè objektif legliz-la. Kounye-a ou fin mete konfyans ou nan Jezikri. Nou ankouraje ou fòtman pou ou jwenn nan zòn kote ou rete-a, yon legliz ki kwè nan ansèyman liv biblik yo epi pale ak Pastè-a. lese li konnen nouvèl konfyans ou nan Jezikri.

Yon dezyèm objektif legliz-la se anseye Bib-la. Ou kapab aprann Kòuman pou ou anplwaye nouvèl enstriksyon Bondyè yo nan lavi-w. konpreyansyon Bib-la se yon kle pou ou viv yon vi kretyèn plen siksè ak pwisans 2 Timote 3:16-17 la di nou: Tout sa ki ekri nan liv-la, se nan Lespri Bondyè-a yo sòti. Y'ap sèvi pou montre moun veritè-a, pou konbat moun ki nan lerè, pou korije moun k'ap fè fòt, pou montre yo ki jan pou yo viv byen devan Bondyè. Konsa, yon moun k'ap sèvi Bondyè, li tou pare, li gen tout sa li bezwen pou-l fè tout sa ki byen.

Twazyèm objektif legliz-la se adorasyon.

Adorasyon se remèsye Bondyè pou tout sa li fè. Bondyè te sove nou. Bondyè renmen nou. Bondyè pran swen nou. Bondyè gide e dirije nou. Kòuman pou nou pa ta ka remèsye li? Bondyè, Li sen, li jis, li se lanmou, li gen konpasyon e plen ak gras. Revelasyon 4:11 deklare. "O Bondyè mèt nou, ou merite pou ou resevwa louanj, respè ak pouvwa. Se ou menm ki fè tout bagay. Si yo la, si yo gen lavi, se paske ou vle-l".

3. Dispoze yon tan akote pou ou konsantre ou sou Bondyè.

Li enpòtan anpil pou nou pase yon tan chak jou pou nou konsantre nou sou Bondyè. Anpil moun rele li « yon ti tan trankil » Lòt moun rele li « Devosyon ». Paske li se yon tan ke nou konsakre nou menm menm ak Bondyè. Gen moun ki prefere li nan maten pandan ke gen lòt ki pito li nan aswè. Pwoblèm nan se pa nan jan ou rele lè sa-a ou kilè w fè li. Sa ki enpòtan se pase tan regilyèman ak Bondyè. Ki evènman ki reyini tan nou ak Bondyè?

a. Priyè, se sèlman pale avèk Bondyè. Pale avèk Bondyè de bagay ki konsève ou, pwoblèm ou yo e mande li pou li ba ou sajès ak direksyon. Mande Bondyè pou soutni bezwen nou yo. Di Bondyè konbyen ou renmen li e konbyen ou apresye sa li fè pou ou yo. Se tout sa priyè-a ye.

b. Li Bib-la. Anplis de ansèyman Bib-la nan legliz-la, lekòl dominikal ou etid biblik, ou bezwen li Bib-la pou kont ou. Bib-la gen tout bagay ou bezwen konnen pou ou ka viv yon vi kretyèn plen ak siksè. Li genyen direksyon Bondyè pou ou ka pran yon saj desizyon, Kòuman ou ka konnen volonte Bondyè, Kòuman ou pou dirije lòt moun, Kòuman ou ka grandi espirityèlman. Bib-la se pawòl Bondyè menm pou nou. Bib-la se esansyèlman enstriksyon manyèl Bondyè pou Kòuman pou nou viv vi ou yon fason ki fè li plezi e ki satisfè nou.

4. Devlope relasyon avèk moun ki ka ede nou espirityèlman.

1 Konrentyen 15 :33 di nou « piga nou twonpe tèt nou, move zanmi gate bon levasyon » Bib-la plen ak avètisman sou enflyans « move bagay» moun ka gen sou nou pase tan avèk moun ki angaje yo nan aktivite peche va lakoz nou tante pa aktivite sa yo. Levasyon moun sa yo ki antoure nou yo va detènn sou nou ti kras pa ti kras. Se poutèt sa, li enpòtan pou nou rasanble nou, nou menm menm, avèk moun ki renmen Senyè-a epi ki kwè nan pwomès li

Eseye jwenn yon zanmi oubyen de, petèt nan legliz, moun ki kapab ede ou e ankouraje-w (Ebre 3 :13, 10 :24) Mande zanmi ou yo pou kenbe reskonsab nan sa ki gen rapò ak tan lib, aktivite ou yo, nan mach ou ak Bondyè. Mande si ou kapab fè menm ak yo. Sa pa vle di ou dwe abandonnen tout zanmi ou yo ki pa konnen Jezi Senyè-a kòm sovè yo. Kontinye fè zanmi yo epi renmen yo, sèlman fè yo konnen ke Jezi te chanje lavi ou e ou pa kapab fè tout bagay ou te abitye fè yo. Mande Bondyè pou-l ba ou opòtinite pou pataje Jezi avèk zanmi ou yo.

5. Batize

Anpil moun mal konprann batèm, Mo « Batize » vle di plonje nan dlo. Batèm nan se fason biblik e piblikman pwoklame de yon nouvèl konfyans nan Jezikri e yon angajman pou swiv li. Aksyon nan dlo-a vle di mouri avèk Kris. Aksyon sòti nan dlo-a montre rezireksyon nou ak Kris-la. Lè ou batize, ou idantifye ou menm menm avèk lanmò Kris, antèman e rezireksyon (Women 6 :3-4)

Batèm nan, se pa sa ki sove-w. Batèm nan pa retire peche ou yo. Batèm nan se sèlman yon pa de obeyisans, yon pwoklamasyon piblik de lafwa ou a Kris sèl pou Sali ou. Batèm nan enpòtan paske li se yon pa de obeysans - yon deklarasyon piblik de konfyans ou nan Kris e yon angajman ak li. Si ou prè pou batize, pale avèk Pastè-ou.

Palabras claves del artículo

Petèt –	talvez / quizas
Senk pa –	5 pasos
Bib-la –	la Biblia
Pwen klè –	punto clave
Mesaj -	mensaje
Syèl-la –	cielo
Legliz-la –	la iglesia
Ankouraje -	animar
Ansèyman -	enseñanza
Siksè –	éxito
Pwisans -	poder
Lerè -	error
Li sen –	Él es santo
Sajès -	sabiduria
Soutni-	sostener
Lekòl dominikal -	escuela bíblica / escuela
dominical	
Avètisman -	Advertencia
Pataje -	compartir
Batèm -	bautismo
Antèman –	entierro

Un Poco Más – Vocabulario

Alè	A tiempo
Anlè	Arriba
Atè	Debajo
Byen	Bien
Kom	Como

Lè	Cuando
Move	Mal
Pandan	Durante, Mientras
Senpleman	Simplemente
Sètènman	Seguramente
Apre	Después
Avan	Antes
Depi	Desde
Jiska	Hasta
Vè	Alrededor

CONCLUSIÒN

Muchas gracias por haber elegido Aprenda Creole para su estudio, ya han llegado al final del curso; por lo que ya están preparados para hablar con cualquier persona en Creole.

Solicite nuestro dictionario en Creole - Español y el segundo nivel de este volumen, que estarán muy pronto en circulacion, para aquellos que quieren profundizar en el aprendizaje o visite nuestra página de Internet http://aprendeis.com/ o bien contactarnos directamente info@aprendeis.com

Bondye Beni nou anpil e n'a we pwochen fwa.

Que Dios los bendiga - Bondyè Beni Nou Anpil
Yeral Ogando
www.aprendeis.com

RESPUESTAS de La Practica hace al Maestro

RESPUESTAS - LA PRACTICA HACE AL MAESTRO

LECCIÓN 1.

a. Yo puedo dormir
b. Que tienes tu / que te (le)   pasa
c. Porque no puedes ir
d. Yo mismo, estoy muy bien
e. Como está usted señora?

2.
a. Mwen pa janm dòmi
b. Nou poko pale
c. Poukisa yo pa pale
d. Kisa li genyen
e. Mwen pa pi mal

LECCIÓN 3

1.
a. Pale
b. Blese
c. Vle
d. Asepte
e. Mouri
f. Bliye

2.
a. Eske ou ka pale kreyòl
b. Eske Nou dwe ale
c. Eske Li pa vle manje
d. Eske Ou bezwen lajan
e. Eske Li konprann espanyol

3.
a. Mwen pa pale espanyol trè byèn
b. Ou ka konprann kreyòl
c. Nou pa bezwen ale kounye-a

d. Li vle etidye espanyol
e. Yo pa ka li kreyòl

LECCIÓN 4
1.
a. Machin mwen
b. Lakay li casa
c. Liv Jozye
d. Sa a se lakay pal
e. Sa a se madanm mwen
f. Lim pam
2.
a. El cielo es azul
b. Hace frio
c. Está oscuro
d. El tiempo está bien
e. Está lloviendo
f. Hace calor

LECCIÓN 5
1.
a. Ap pale
b. Ap bwe
c. Ap chache
d. Ap panse
e. Ap etidye
2.
a. Te pale
b. Te chanje
c. Te we
d. Te vle
e. Te dòmi
f. Te vini

LECCIÓN 6
1.
a. Mañana viajare
b. Terminaras el trabajo el próximo
c. Ella pasara sus vacaciones en mi casa
d. Ellos arreglaran esa situación
e. No te hare ningún favor
2.
a. Mwen ta renmen etidye angle
b. M' pa ta pale avè-l
c. Esk ou ta ka ede m
d. Nou pa ta ka pale avèk yo
e. Li ta renmen jwenn yon travay
3.
a. Konn abitye
b. Pito
c. Konn abitye
d. Konn abitye

LECCIÓN 7
1.
a. Eres mi amigo
b. Juan es un jardinero
c. Yo soy un profesor
d. Yo soy dominicano
2.
a. La
b. Nan
c. A
d. Nan
e. La
f. A
g. La
3.

a. Poul yo   d. Vèb yo
b. Kochon yo   e. Pòt yo
c. Bèf yo   f. Tab yo

LECCIÓN 8

Nou te pase yon move jou nan travay-la, paske jenerate pat travay, men lè m te pale avèk chef pam sou pwoblèm nan, li pat pale m byèn, men sa a pat fòt mwen...

M' pa konprann kòm moun yo pa konn aji korekteman devan sitirasyon difisil yo, mwen toujou aji korekteman, pa egzanp; mwa denyè mwen te anchaje travay la, jou sa a te trè lou, anpil travay, kòm chef mwen pat la, mwen te chef nan moman sa yo; enben, jenerate pat mache, e mekanisyen te nan lè pou l manje, mwen te gen responsabilite pou m rezoud pwoblèm nan, se pou sa mwen te fè sak yon chef dwe fè nan ka sa-a "mwen te ale lakay m..."

GLOSARIO

A kilè - a qué hora
A pyè – a pie
Abiye - vestir
Abyentò – hasta pronto
Adrès la – la direccion
Afriken – africano
Agenda - agenda
Aktivite - actividad
Alè - A tiempo
Ale - ir
Ale-retou – ida y vuela
Alman - aleman
Alo - Entonces

Ameriken - americano
A-mwens-ke - A menos que
An / Nan -En, sobre
An dedan / Dedan - Dentro
Anba - Debajo
Anbabra - Axilas
Anbasad ayisyen – embajada haitiana
Anfas - En frente
Anivesè* - aniversario / cumpleanos
Ankouraje - animar
Anlè - Arriba
Anmwe/ Ed - Socorre/ Ayuda
An-n ale - vamos / vamonos
Annou pran – tomemos
Anpil - mucho
Anplis - ademas
Anplwaye – emplear / empleado
Ansanm – junto
Ansèyman - enseñanza
Antèman – entierro
Antravè - A través
Antre - entrar
Anyen - Nada
Apati – a partir
Aprè - Después
Apredenmen - Pasado mañana
Apremidi - Tarde
Arab - arabe
Aranje - arreglar
Ase - Suficiente
Asepte – aceptar
Asirans - seguro
Asireman – seguro / por supuesto
Aspirin - aspirina

Aswè - Noche
Atansyon - atencion
Atè - Debajo
Avan - Antes
Avan - Antes
Avantaj – ventaja
Avan-yè - Antes ayer
Avèk / Ak / Avè - Con
Avètisman - Advertencia
Avril - Abril
Avyon – avión
Ayisyen - haitiano
Ayiti – Haiti
Bakaloreya (etid sekondè) - estudios secundarios
Banm Zorèy - Cállate (cállese)
Batèm - bautismo
Bay- dar
Bèf - Vaca
Bèl - Bonito
Bel isaj – buena vista
Bib-la – la Biblia
Bis – autobús / guagua
Blan - Blanco
Blè - Azul
Bon - Bueno
Bon anivese - feliz aniversario / feliz cumpleaños
Bon bèje-a – buen pastor
Bon jounen – buen dia
Bon machè - barato
Bon vwayaj – buen viaje
Bonè - Temprano
Bonjou – Buenos Días o Buen Día - Hola
Bonswa – buenas noches*
Bouch - Voca

Bourik – burro / asno
Boutey diven – botella de vino
Bra - Brazos
Bwè - beber
Bwos cheve - Cepillo del cabellos
Bwos dan - Cepillo
Byen - Bien
Byenvini - bienvenidos
Chak - cada
Chamo - Camello
Chanjman – cambio
Chanm doub – habitación doble
Chanpou - Champoo
Chante - cantar
Chat - Gato
Chè - caro
Chèf - Jefe
Chenmen - camino
Cheri – querido (a)
Cheve - Cabellos
Chinwa - chino
Chodyè soup – caldero de sopa
Chofè - chofer
Chwal - Caballo
Chwazi – escoger / elegir
Chyen - Perro
D'aout - Agosto
Dakò – de acuerdo
Dan - Diente
Dejà - ya
Denmen - Manana
Depatman – departamento
Depi - desde
Depose - depositar

Desanm - Diciembre
Desespwa – desesperanza – desesperacion
Dèt - deuda
Devan - Delante
Dèyè - Detrás
Deyò - Fuera
Dezyèm - segundo
Dife - fuego
Dimanch – Domingo
Direkteman – directo- directamente
Diri – arroz
Disko – discoteca
Dispansè – dispensario
Disponib - disponible
Disponibilite - disponibilidad
Dlo - agua
Doktè - doctor
Dola - dolar
Dòmi - dormir
Dominiken - Dominicano
Donk – por lo tanto
Doute - dudar
Douvanjou - Alba
Dwann nan – aduana
Dwat – derecho / derecha
Dwè - deber
Dwèt - Dedos
E – Y
Ebrè – hebreo
Ede - ayudar
Efò – esfuerzo
Elefan - Elefante
Elèv - alumno
Enfomasyon - informacion

Engra - Mal agradecido
Enkwayab – increíble
Enpe/ Yon ti kras - Un poco
Entelijan - Inteligente
Eple - deletrear
Eske – interrogativo
Eskize'm – Excúseme o Excúsame
Espanyol – español
Espesyal - especial
Estasyon - parada
Etè - Verano
Etenitè - eternidad
Etènn limyè – apagar la luz
Fa - Pinta labios
Famasi - farmacia
Fanm - Mujer
Fanmi-a – La Familia
Fè - hacer
Fè lapèl - llamar*
Fèk - reciente
Fènwa - oscuridad
Fevriye - Febrero
Fi – Hija
Figi - Cara
Finalman - finalmente
Fiti - Futuro
Fòk - debo
Fomal - formal
Foubi - restregar
founi - proveer
Fransè- frances
Frè - Hermano
Fwa - vez
Fwon - Frente

Gade - chequear
Gagè – gallera
Gason – Hijo - Hombre
Gato – regalo / bizcocho
Genyen-Gen – Tener
geri - sanar
Gide – guiar
Goch – izquierda
Goj fè mal – dolor de garganta
Gra - Gordo
Gran Moun Fanm - Vieja
Gran Moun Gason - Viejo
Grangou - hamre
Granmè - Abuela
Granmoun - Adulto
Granpè – Abuelo
Gras - gracia
Gratis - gratis
Grek - griego
Grenn - pastilla
Gri - Gris
Gri de pen - tostadora
Grip - gripe
Gwo - Grande
Imajine - imaginar
Isit – Aquí - Aca
Italyèn- italiano
Ivè - invierno
Jam - Piernas
Jan – Juan
Jansiv - Encias
Janvyè - enero
Japonè - japones
Je - Ojos

Jedi - Jueves
Jen - Junio
Jenn - Joven
Jenn Fi – Joven (Femenino)
Jenn Moun - Joven
Jenou - Rodillas
Ji - jugo
Jijman – juicio
Jiska - Hasta
Jiyè - Julio
Jodi-a - Hoy
Jonn - Amarillo
Jwenn - encontrar
Ka – poder
Kabrit - Chivo
Kamera – camera
Kana - Pato
Kat de kredit – tarjeta de crédito
Kazino – cartas / barajas
Kè - Corazon
Kèk – algún (a)
Kèmès - quermes
Kenbe – mantener
Ki laj – que edad
Kilè - cuando
Kilès - cual
Kimoun - quien*
Kisa - Que
Kisa – que
Kite – permitir / dejar
Kle - llave
Kochon - Puerco / Cerdo
Kodenn - Pavo
kolè - ira

Kòm - Como
Kominike - comunicar
Komsi - Así
Konbyèn - cuanto
Konkou – concurso / proceso
Konnen - conocer
Konpreyansyon - comprension
Konsa – asi / de ese modo
Konsiltasyon – consulta
Konsilte - consultar
Kont - En contra
Kontan - Contento
Kote / Bò kote - Próximo
Kou - Cuello
Koulèv - Culebra
Kouman - Cómo
Kounye- a - Ahora
Kout - Corto
Koute - costar
Kouzen – primo
Kouzin – prima
Krèm pou bab - Crema de afeitar
Kretyèntè - cristianismo
Kreyòl – Creole
Kwè - creer
La jounen - Dia
lachè - carne
lafwa - fe
Lafyèv – fiebre
Lage – dejar / poner / entregar
Lajan – dinero
Lakwa – la cruz
Lang - Lengua
Lanjelis - Crepusculo

Lanmè - mar
Lanmò – muerte
Lannen – el año
Lannwit - Noche
Lapè - Paz
Lè - Cuando
Lè-a – la hora
Lèd - Feo
Legim – legumbres
Legliz-la – la iglesia
Lekòl - escuela
Lendi - Lunes
Lerè - error
Lestonmak - Estomago
Lèv - Labios
Lonbrik – ombligo / cordon umbilical
Long - Largo
Lopital jeneral – hospital
Losyon - Colonia
Lòt – otro
Lou - Oso
Lwen - Lejos
Lye Istorik – lugar historico
Lyon - Leon
Mache - caminar
Machin nan – Auto, maquina
Madanm - Esposa
Madanm – Señora
Madi - Martes
Madmwazel - Señorita
Mal - Mal
Malad - enfermo
Maladi – enfermedad
Malet – maleta / equipaje

Mande – pedir / preguntar
Manke - faltar
Manman - Mama
Manton - Barbilla
Manyifik - magnifico
Mari – Esposo - Marido
Mas - Marzo
Maten - Mañana
Mawon - Marron
Mayi - maiz
Me - Mayo
Mèg - Flaco
Mekanisyen - mecanico
Mekredi - Miercoles
Men - mano
Men - Pero
Meni - menu
Mennen – llevar, traer, portar
Mesaj - mensaje
Mèsi - Gracias
Mesyè - Señor
Mete – meter / entrar / poner
mèvèye – maravilla / maravilloso
Midi - Medio dia
Minit - minuto
Minwi - Media noche
Mizèrikòd- misericordia
Mizik - musica
Mobil – celular / móvil
Mobilizasyon - movimiento
Monte - subir
Mouton – cordero / oveja
Mouton – oveja / cordero
Move - Malo

Mwen - Yo
Nen - Nariz
Netwaye - limpiar
Nimewò – numero
Non - nombre
Nouvèl - noticia
Novanm - Noviembre
Nwa - Negro
Odè / Pafem - Perfume
Ogèye - orgulloso
Òkenn moun - Nadie
Okontre – al contrario
Oksayon - ocasion
Oktob - Octubre
Olye - En vez de
Opotinite - oportunidad
Osi - tambien
Otòn - Otoño
Ou – Tu / Usted
Oubyèn - osea
Padkwa – De nada
Pakonsekan – por consiguiente / por lo tanto
Pale - hablar
Pami - En medio
Pandan - Durante, Mientras
Papa - papa
Paran – padres
Parese - Vago / Holgazán
Pasaje - pasajero
Pase - Pasado
Paske – porque para contestar
Paspò - pasaporte
Pasyans ou – su paciencia
Pat - Pasta dental

Pataje - compartir
Peche - pecad
Pèn – pena / falta
Penyen - Peinar
Peri - perecer
Pèsonn - nadie
Petèt – talvez / quizas
Peyè - pagar
Pi bon - mejor
Pinisyon - castigo
Pisin - piscina
Piti - Chiquito
Pito - preferir
Plaj - playa
Plan - mapa
Planifikasyon – plan / planificacion
Planifyè - planificar
Plezi - placer
Plizyè - varios
Popye - Pestanas
Pòt – puerta
Potigè - portugues
Pou – por / para
Poukisa – porque
Poul - Pollo
Pouri - podrir
Poutèt / Petèt - Talvez
Pòv - Pobre
Prale – ir (futuro)
Pratik – practica
Pre - Cerca
Premyè kafou – primer semáforo
Prentan - primavera
Prezan - Presente

Pri - precio
Priye - orar
Pwatrin - Pecho
Pwen klè – punto clave
Pwisans - poder
Pwofite - aprovechar
Pwomès - promesa
Pwòp - limpio
Pwoteje - proteger
Pye - Pies
Randevou - cita
Rantre - entrar
Rat - Rata
Ratrapaj – reenforzamiento
Razwa - Rasuradora
Regret – lamentar
Rekonesan - Agradecido
Rele – Llamar
Remèsiman - agradecimiento
Repete - repetir
Resevasyon - reservación
Reseve - reservar
Resi - lograr
Resi – recibo / factura
Restoran - Restaurante
Reyelman - realmente
Rezoud – resolver
Ri - calle
Rich - Rico
Ris - ruso
Rive – llegar / arribar
Sajès - sabiduria
Sali - salvacion
Samdi - Sábado

San - Sin
Santi – sentir
Savon - Jabon
Sè - Hermana
Se – ser o estar*
Sechwa - Secador
Sekretè – Secretaria (o)
Sèl - Solo
Sèlman - Solamente
Senmen - semana
Senpleman - Simplemente
Sentespri-a – Espiritu Santo
Sentòm - sintoma
Senyè - senor
Septanm - Septiembre
Sèt - siete
Sètènman - Seguramente
Sètifika (etid prime) – estudios primarios
Sevyet - Toalla
Siksè – éxito
Sila-a – este / esto / esta
Silans - Silencio
Silvouplè – por favor
Sipris - sorpresa
Sipriyè – orar / suplicar
Sis mwa – seis meses
Sistèm - sistema
Sof - Excepto
Sonje - recordar
Sòt - Bruto
Sòti - salir
Sou – sobre
Souci - Cejas
Soufrans - sufrimiento

Soulye – zapato / calzado
soup jòmou – sopa De Hauyama
Soupe – Cenar
Sourit - Raton
Soutni- sostener
sovè pèsonel – Salvador personal
Swete – desear
Swiv mwen – siganme / sigueme
Syèl-la – cielo
Ta - Tarde
Ta renmen - gustaria
Tab - mesa
Talon Pye - Talon
Tande - escuchar
Tankou - como
Tann - esperar
Tanpri – por favor
Tant - Tia
Telefon - telefono
Tèlman - tan
tèm – termino
Tèt - Cabeza
Tig - Tigre
Tikè - ticket
Tonton - Tio
Tounen – regresar / volver
Touse - toser
Tout - Todo (s)
Toutfwa – siempre / cada vez
Trankil - Tranquilo
Travay – trabajo
Travayè - Trabajador
Travesè - cruzar
Trè - Muy

APRENDA CREOLE HAITIANO

Trenn - tren
Tris - Triste
Twonpe - engañar
Twòp - demasiado
Vakans – vacacion
Vandredi - Viernes
Vant - Barriga (cintura)
Vè - Alrededor
Vè - Verde
Vid - vacio
Vire – doblar / virar
Viza - visa
Vizite - visitar
Vle - querer
Vrè - verdad
Vwayaj – viaje
We – ver
Wi – si
Women – romano
Wouj - Rojo
Woz - Rosado
Ye - ayer
Yè – Ser o Estar*
Zanmi - amigo
Zanzèt – ancestros
Zèb - Zebra
Zepeng cheve - Pincho
Zepol - Hombros
Zong - Uñas
Zong pye - Unas de los pies
Zorèy - Orejas
Zòtey - Dedos de los pies
Zouti – herramienta / utensilio

BIOGRAFIA

Dr. Yeral E. Ogando del Rosario, nació el 18 de mayo del 1977, en Las Matas de Farfán, República Dominicana. Es hijo de Ubersindo Ogando Ogando y padre de Yeiris, Tiffany & Bennett Ogando.

Yeral es poliglota. A la edad de 17, terminó sus estudios del Inglés. Aprendió Francés y Creole a los 18. A los 19 estudió Italiano y Portugués. Alemán a los 20, y desde los veinte y uno hasta los veinte y tres aprendió Ruso, Griego, Japonés básico. El próximo idioma que aprendió fue Hebreo Bíblico.

A través de los años Yeral E. Ogando adquirió el secreto para aprender un Nuevo idioma; dominando cualquier idioma en poco tiempo. Estudiando muchos métodos diferentes, logró crear su muy especial técnica para Aprender un Nuevo idioma sin profesor. Las experiencias y habilidades que él adquirió, están ahora a tu disposición. Esta es una técnica aprobada para "Autodidactas", ya ha sido probada durante varios años en República Dominicana, vendiendo miles de libros en las librerías. Tienes la combinación perfecta de experiencia, habilidad y una técnica probada a tu disposición con este increíble método.

Testimonio personal de Yeral E. Ogando:

DIOS ME AMA TANTO

El 11 de enero del 2010, llegue a Puerto Príncipe con una delegación de cuatro personas. Andábamos en un viaje misionero, y nuestra meta era encontrarnos con 18 pastores e iglesias el día siguiente.

Las siguientes personas conformaban la delegación:

Andrés Serrano, D.M., pastor Iglesia "La Senda" en Corona, California. También es dueño de tres estaciones de radio, incluyendo "Radio Impactante," en República Dominicana. Brígido Cabrera, D.M., coordinador de

Ministerios Hispanos "Iglesia Reformada Americana."

Doctor James Seawood, Presidente de la "Iglesia Reformada Americana" en ese entonces. Quien recientemente falleció.

Mrs. Emra Seawood, esposa del presidente de la Iglesia Reformada en América en ese entonces.

Y Yeral Ogando, coordinador, intérprete y guía del grupo.

Cuando llegamos, algunos miembros de la delegación no le gustó el Hotel Plaza en Chandmas que había sido reservado, por lo que sugirieron cambiar de hotel.

Ellos querían alojarse en el Hotel Montana; sin embargo, el presidente de la RCA en ese entonces, se sintió bien en el Hotel Plaza y decidimos permanecer allí.

El 12 de enero del 2010, salimos a visitar las iglesias fuera de Puerto Príncipe durante la mañana.

Sostuvimos una reunión con Mr. Edwin Paraison, ministro de la Diáspora. Llegamos a las 3:45 y salimos de la reunión a las 4:15.

Llegamos a la casa del Pastor Yvon Joseph para comer algo rápido, puesto que teníamos una reunión en su iglesia, y después iríamos a visitar la iglesia del Pastor Clerzius.

A las 4:45, el pastor Yvon y Yo le dijimos a la delegación que se apresuraran, porque estábamos tarde y nos esperaban en la iglesia.

Nos encontrábamos en el medio del tráfico en la calle La Lune, cuando de repente sentimos el vehículo girando, como si estuviera deslizándose.

Veíamos como los edificios detrás de nosotros colapsaban, cayendo sobre las personas en la calle y atrapando los que estaban dentro. Adelante de nosotros las personas estaban corriendo y gritando "Mesi Jezi – Glwa a Dye", "ellos están heridos".

Tuvimos que salir del vehículo, y le dije al Pastor Yvon, adjunto de la delegación de pastores Haitianos que estaban con nosotros, que rodearan la delegación para que nadie los lastimara y que nos escoltaran hasta el hotel, el cual estaba como a 5 minutos de ahí.

Estábamos a cinco minutos de distancia de reunirnos con los hermanos y hermanas en la iglesia. Ellos decidieron protegernos en vez de ir a ver los suyos, este es el "amor de Dios."

Cuando llegamos al hotel, oramos por el Pastor Yvon y su familia, especialmente por su pequeña hija de cuatro años llamada Faran, quien estaba cantando en Creole, Francés e Inglés, hacia unos 25 minutos antes del terremoto. Pastor Yvon dijo, ahora iremos a ver que paso con los nuestros y no importando lo que haya pasado, estaremos aquí a las 8 am de mañana.

Pasamos la noche en el patio del hotel por las grandes replicas y vibraciones cada quince minutos, todo lo que podíamos escuchar eran los gritos, lamentos y llantos en las calles. Las personas buscando a sus familias. Niños muertos, enterrados por el terremoto, algunos pudieron escapar, otros no.

A las a.m. salimos a la plaza Chandmas. Estaba llena de personas, heridos y muertos. Había una gran multitud llegando como si fuera una estampida, porque esa era un área abierta y segura. La casa blanca colapso con muchos trabajadores dentro.

Vimos cosas que nunca olvidaremos.

A las 7 a.m., pastor Yvon y Kenken llegaron, y nos informaron que todo había sido destruido. La casa del pastor Yvon, donde habíamos comido, colapso enterrando a 7 personas.

Su hijita de cuatro años se salvó porque una pared callo sobre ella y la cubrió, de modo que solo sufrió algunas heridas (eso lo supimos tres días después que la sacaron de los escombros).

La iglesia en donde estábamos por reunirnos también colapso. Pastores y líderes pudieron escapar, pero muchos fueron heridos.

La iglesia del pastor Clerzius colapso también, enterrando al asistente de pastor y una Hermana de la iglesia. Nos informaron que las calles estaban cerradas por los escombros. Los edificios colapsaron, los vehículos fueron abandonados y destruidos en medio de la calle por el terremoto.

Necesitábamos salir de Puerto Príncipe. Entonces acordamos, caminar hasta el aeropuerto para ver si podíamos partir desde allá.

Las réplicas eran demasiado fuertes, las vibraciones continuaban. El pastor Yvon y Kenken nos guiaron, caminamos como una hora y media desde Chandmas hasta la Rue de L'aeroport. Durante esta caminata vi personas fuera de sus hogares, llorando y gritando para ver si algunos miembros de sus familias respondían desde los escombros. Las calles estaban llenas de cuerpos, heridos, personas llorando y gimiendo.

Cuando llegamos a La Rue de l'aereoport, no encontramos ningún transporte. Tuvimos entonces que pagar 500 goud cada uno para que nos puedan llevar en motor al aeropuerto Toussaint Louverture.

Cuando llegamos estaba cerrado. Parte del aeropuerto colapso. Las agencias estaban cerradas. Habían muchos soldados allí los cuales solo hablaban Portugués y solo sabían decir en ingles **"no flights."**

Hable con un guía turístico en el

aeropuerto y acordamos en pagarlo 150.00 dólares Americanos para que nos llevase a la frontera dominicana en Jimani.

Durante todo el viaje pudimos ver la gran devastación y ruinas causadas por el terremoto. Gracias a Dios llegamos a la frontera Dominicana, eran como las 2 de la tarde, cuando pudimos cruzarla.

Todos dijimos **"Estamos a salvo ahora!"**

Tomamos un taxi hasta la parada de autobús en Jimani, y de ahí un autobús hasta Santo Domingo. Dios nos ama tanto. Él nos libró, protegió, nos salvó y nos trajo de vuelta a todos sin ningún rasguño.

En la casa donde estábamos comiendo minutos antes de terremoto, colapso y siete personas murieron, la iglesia donde nos reuniríamos colapsó, y muchos fueron heridos; en la próxima iglesia dos personas murieron, el Hotel Montana donde querían cambiarse de hotel, también colapsó. Nuestras familias, amigos y personas que nos conocían, todos estaban orando por nosotros, en la Republica Dominicana, Estados Unidos, y en Canadá; todos pensaron que habíamos perecido. Que tragedia... pero Dios nos protegió.

Cuando pudimos cruzar la frontera, llame a mi esposa y ella no podía ni hablar, no le salían las palabras.

Hable con mi hermana Leris Yakelin

Ogando, y ella solo lloraba y decía "**chamo, chamo.**"

Hable con mis hijas, quienes no habían podido dormir y solo podían decir "**No quiero que mueras papi, no te mueras.**"

Llamé a mi papá, a quien nunca he visto llorar o derramar una lágrima, y en la otra línea podía escuchar las lágrimas correr, el solo podía decir "**Pensé que te había perdido.**"

Mi pequeña sobrina, Ruth, de cuatro años de edad, estaba llorando y solo decía "**Tío, ¿Usted se va a morir? No se muera...**"

¿Por qué me salvó Dios? Nunca podré contestar esa pregunta; solo puedo decir que Él tiene un gran propósito para mí, como le digo a mis hermanos y amigos, "**Existe alguien allá arriba que todavía me ama**"...

DIOS ME AMA TANTO, GLORIA A DIOS EN LAS ALTURAS, MUCHAS GRACIAS MI SEÑOR POR SALVARME; HE NACIDO POR TERCERA VEZ... TODO LO QUE PUEDO DECIR ES "TU AMOR ES INMENSO." PERMITE ENCONTRAR GRACIA ANTE TI, NO MEREZCO TU GRAN AMOR, MUCHAS GRACIAS, MUCHAS GRACIAS POR SER MI DIOS.

BONUS GRATIS

Querido Lector (a),

Necesitas descargar el audio MP3 para usar este increíble método paso a paso. Favor, visitar el siguiente link:
http://aprendeis.com/solo-audio-es/
Usuario "**creoles**"
Contraseña "**creoles2018**"

Solo tienes que descargar el archivo Zip y estás listo para iniciar tu experiencia de aprendizaje.

Si quieres compartir tu experiencia, comentarios o posibles preguntas, siempre podrás contactarme en info@aprendeis.com

Recuera:

Las críticas pueden ser difíciles de obtenerlas estos días, y tú como lector, tienes el poder de hacer un éxito o de derrumbar un libro. Si tienes tiempo, comparte tus comentarios y criticas conmigo.

Visita este link: http://ow.ly/QTRpJ

Muchas gracias por leer **_Aprenda Creole Haitiano_** y por pasar tiempo conmigo atreves de tu aprendizaje.

Puedes ver mis otros libros en mi página de amazon:

https://www.amazon.com/author/yeralogando

Con gratitud,

Yeral E. Ogando

P.S. Una Última Cosa… Cuando pases esta página recibirás un saludo de Amazon para calificar este libro y postear tus críticas en Facebook y Twitter. Visita este link: http://ow.ly/QTRpJ

Se el primero de tus amigos en usar esta innovadora tecnología. Tus amigos verán lo que estás leyendo y siempre podrás **bendecir a Yeral E. Ogando con una crítica honesta.**

www.ingramcontent.com/pod-product-compliance
Lightning Source LLC
La Vergne TN
LVHW021341080426
835508LV00020B/2067